무시
했더니
살만
해졌다

무시
했더니
살만
해졌다

오시마 노부요리 지음

나지윤 옮김

미래타임즈

자신이 원하는 일을 뜻대로 자유롭게 해 나가는 사람들을 보면 참으로 부럽습니다.

저도 그렇게 되고 싶은 마음에 그들의 모습을 유심히 관찰하곤 했습니다. 그러다 보니 흥미로운 점이 눈에 들어오더군요. 남의 말이나 행동에 신경 쓰지 않는다는 사실입니다. 가령 평범한 사람들이라면 두고두고 상처가 될 법한 이야기를 들어도, 그들은 가볍게 무시해 버리곤 하지요.

그렇습니다. 그들은 자신에게 꼭 필요한 조언만 받아들이고 불필요한 비난과 참견은 무심히 흘려 넘기며 뚜벅뚜벅 앞으로 걸어갑니다. 이것이 바로 남들이 아무리 딴지를 걸어도 그들이 자유롭게 살아갈 수 있는 비결입니다.

사실 우리가 타인의 비판을 신경 쓰는 이유는 애초에 비판 혹은 비난을 피하기 위해서입니다. 그런데 아이러니하게도, 남을 의식하면 할수록 우리에게 돌아오는 비판은 가혹해지기만 하지요.

저 역시 모처럼 누군가가 제게 해 준 조언을 모른 척하면 상대방이 무례하다고 생각할까 봐 많이 두려웠습니다. 하지만 현실은 그 반대였지요. 오히려 타인의 말에 신경을 꺼 버리니 비판받을 일이 줄어드는 것이었습니다. 이처럼 스스럼없이 남을 무시할 줄 아는 사람은 타인이 뭐라 하든 개의치 않고 자신이 원하는 일에 묵묵히 몰두할 수 있습니다. 그러다 보면 뛰어난 성과를 올리게 되고, 점차 주위 사람들로부터 존경도 받게 되지요.

이처럼 '무시'를 할 줄 아는 사람은 남의 감정에 쉽사리 휩쓸리지 않습니다. 물론 그들이 기본적으로 남들을 의식하지 않는 것인지, 아니면 의도적으로 모른 척을 하는 것인지는 확실치 않습니다. 그러나 어느 쪽이 되었든, 살면서 늘 남의 눈치를 봐 온 저로서는 부러울 따름이었지요. 이를테면 그들은 주위에 버럭 짜증을 내는 사람이나 조바심 탓에 어쩔 줄을 몰라 하는 사람, 혹은 연거푸 한숨만 내쉬는 사람이 있어도 덤덤하게 자기 일에 집중합니다.

그런데 더 놀라운 점은 따로 있습니다. 남을 신경 쓰지 않는 이들이 얽매임 없이 평온하게 자기 삶을 살아가는 동안, 그의 주변 사람들도 좋은 영향을 받으면서 어느새 분노와 불안, 걱정과 같은 부정적인 감정에서 해방된다는 것입니다.

평소 저는 주위의 누군가가 곤경에 처해 있다면 그를 반드시 도와줘야만 제가 인정받을 수 있다고 믿었습니다. 지금 당신 역시 그러한 신념을 갖고 있을지도 모르겠네요. 하지만 현실은 전혀 뜻밖이었습니다. 도와주면 도와줄수록 그들은 마치 제 바짓가랑이를 붙들듯 매달렸고, 결국 우리는 함께 나락으로 떨어질 뿐이었습니다.

조금 매몰차게 느껴질 수도 있지만, 그런 사람을 내버려두

무시했더니 살 만해졌다

면 우선 나 자신이 그의 부정적인 감정에 휩쓸리지 않게 됩니다. 오히려 좋은 에너지를 주위에 전달함으로써 주변 사람들도 마음이 차분해지고 어둠의 세계에서 빠져나오지요. 그래서일까요? 남들이 뭐라고 하건 자신을 중심에 놓고 살아가는 사람을 볼 때마다 깨닫게 됩니다. 남을 무시하면 내 삶이 한결 편안해진다는 사실을 말이지요.

무시할 줄 아는 사람은 좋은 의미로 말하자면 '둔감'하기 때문에 자신이 원치 않는 일을 억지로 떠맡지 않습니다. 그 결과 시간을 헛되이 낭비하지 않고 원하는 일에 에너지를 쏟아 성과를 냅니다. 물론 이런 습관이 제대로 형성되지도 않은 사람이 그럴 결심을 한다면 그저 피도 눈물도 없는 냉혈한처럼 보이겠지요. 하지만 그것이 익숙해진 사람은 몸에 밴 듯 자연스럽게 불편한 일을 무시하는데, 실로 존경심이 들 정도입니다.

저는 사소한 일에도 민감하게 반응하는 성격 탓에 인간관계가 쉽게 틀어지고 하는 일도 자꾸 꼬이곤 했습니다. '뭐 하나 내 맘대로 되는 게 없어!' 싶을 정도로 정말이지 우울한 인생이었지요.

그런데 남을 무시할 줄 아는 사람들이 그렇듯 조금 둔감해지려 애쓰자 상황이 크게 달라졌습니다. 불쾌한 타인들은 거짓말처럼 사라졌으며 하고 싶은 일에만 집중하게 되면서 인생이 순탄해지기 시작한 것입니다. 이 과정에서 진정한 해방감과 성취감을 맛보는 경험도 하게 되었습니다.

타인에 대한 예민함, 즉 민감도 때문에 아마도 저는 그동안 굉장한 손해를 보며 살아왔을 것입니다. 예민하게 굴지 말자고 종종 다짐하면서 나름대로 노력도 해 봤지만 실제로는 좀처럼 둔감해지지 못했으니까요. 하지만 심리 상담사로 근무하면서 저처럼 타인에 대한 민감도가 높아 괴로워하는 이들과 고민을 공유하자, 둔감해지는 길이 보이기 시작했습니다.

그리고 저의 조언을 통해 차츰 둔감해지는 법을 익힌 내담자들은 무시할 줄 아는 사람이 되었고, 전과 달리 행복하고 만족스러운 삶을 살고 있습니다. 저 또한 마찬가지입니다. 한순간도 긴장의 끈을 놓지 않았던 제게 더 이상 그런 모습은 없습니다. 이제는 인생이 편안해졌습니다. 하루하루가 놀라움의 연속이지요. 아주 조금 둔감해졌을 뿐인데 말입니다.

지금부터 불편한 일을 무시하는 방법을 알아보고, 둔감해짐을 통해 진정한 자유를 얻는 비결을 살펴보려 합니다. 부디 이 책을 읽고 당신도 마음에 평화를 얻어 행복한 인생을 누릴 수 있기를 바랍니다.

차례

제5장

무시하는 기술, 살맛 나는 인생

제1장

—

지금,
휘둘리고
있습니까

‘대체 저 사람은 나에게 왜 이러는 거지?’

내가 스스로를 낮추며 겸손하게 행동하는데도

그럴수록 상대방은 더더욱 나를 함부로 대합니다.

그의 숨은 의도가 과연 무엇일지 상상의 나래를 펼치는 사이,

악몽은 현실이 되어 나를 덮쳐 옵니다.

절묘한 타이밍에
등장하는 훼방꾼

어느 화창한 주말 오후. 바쁜 평일에는 엄두도 못 냈던 방 정리를 모처럼 해 보려는데, 문득 오늘 오전에 동료가 메일 한 통을 보냈으니 확인해 달라고 연락해 온 것이 떠오릅니다. 중요한 사안일지도 모른다는 생각에 서둘러 메일함을 열어 봅니다. 그런데 내용을 살펴보니 시급하게 해결해야 할 일이 전혀 아니었습니다. 다름 아니라 고객이 온라인 게시판에 올린 불만 사항을 전하고 있었지요.

'하필이면 주말에 이런 메일을 보낼 건 뭐야?'

맥이 탁 풀리면서 짜증이 납니다. 계획대로라면 말끔히 방을 청소한 뒤 자기 계발도 할 겸 업무와 관련된 공부에 매진해 보려 했건만, 동료가 보내온 메일 하나에 그만 의욕이 싹 사라집니다.

그럼에도 불구하고, 다음과 같이 마음을 다잡으며 방 정리에 나서 봅니다.

'어쨌든 휴일이잖아. 주말에 받는 메일까지 일일이 신경 쓰진 말자~! 출근해서 대응하면 돼.'

하지만 자신도 모르게 머릿속은 온통 메일과 동료에 대한 생각으로 가득 찹니다. '쉬는 날 대체 왜 이런 메일을 보낸 거지?'라는 궁금증으로 시작된 의문은 급기야 걷잡을 수 없는 분노로 번집니다.

'그 인간, 날 무시하는 게 틀림없어!'

'고객을 핑계로 해서 날 골탕 먹이려는 속셈이야!'

이처럼 부정적인 상념에 젖어 허우적대다 보니 방 청소는 손도 못 댄 채 속절없이 시간만 흘러갑니다. 문득 정신을 차리고 둘러보자 바깥은 어둑어둑해졌네요. 금쪽같은 휴일을 허투루 보냈다는 자괴감이 물밀듯이 밀려옵니다.

무시했더니 살 만해졌다

일을 가로막는
존재

———

회사에서 대대적으로 새로운 프로젝트에 돌입한 시기, 나는 충만한 의욕과 아이디어로 적극적으로 일을 추진하며 업무 영역을 넓혀 가고 있습니다. 착착 진행되는 일의 중심에 서 있다는 사실이 참 뿌듯하기도 합니다.

그런데 이런 기쁨도 잠시, 함께 회의를 마치고 나온 동료의 그늘진 얼굴이 레이더망에 포착됩니다. 특히 그의 표정이 나를 의식한 듯해 유독 심상치 않게 다가옵니다.

'혹시 나한테 무슨 불만이라도 있나?'

한껏 사기가 충만해진 마음 한구석에 스멀스멀 걱정이 올라오면서 이내 불안감에 휩싸입니다.

'내가 너무 나서서 멋대로 일을 처리한다고 여기는 걸까?'

'상의 없이 일을 진행한다 싶어서 화가 났나?'

하지만 아무리 곱씹어 봐도 오해를 살 만한 사건은 딱히 없었던 것 같아서 더더욱 고민이 깊어집니다. **생각을 거듭하다 보면 의문과 불안은 점점 가중됩니다. 그러다 보니 동료를 향해 괜스레 분노가 생겨나기도 합니다. 그뿐 아니라 이렇듯 부**

정적인 감정에 매몰되면 눈 깜짝할 사이에 일할 의욕도 모두 사라져 버리지요.

심기가 불편해 보이는 동료가 마음에 걸려 도무지 일이 손에 잡히지 않습니다. 용기를 내어 결국 "저기, 무슨 일 때문이에요?" 하고 넌지시 물어봐도 "별거 아닙니다!"라는 쌀쌀맞은 반응만 돌아옵니다.

하지만 여기서 포기할 순 없지요.

"그러지 말고 솔직하게 이야기해 줘요. 아무래도 나 때문인 것 같은데……."

설득을 이어 가자, 그가 참았던 속마음을 뱉어 내듯 퉁명스럽게 대꾸합니다.

"무턱대고 본인 위주로 업무를 진행하면 어떡하란 겁니까? 난 하는 일 없이 자리만 차지하는 꼴이잖아요!"

기가 막히면서도 한편으로는 '내 행동이 적절치 못했나 보다' 하는 반성이 듭니다. 그래서 그에게 업무 내용을 한 번 더 자세히 설명해 주면서 일부러라도 도움을 청해 보기로 합니다. 틀어진 관계를 풀어 보려는 노력이지요.

"이 일 좀 같이하면 어떨까요?" 하면서 조심스럽게 업무를

무시했더니 살 만해졌다

설명하려 했더니, 돌아오는 대답이 가히 걸작입니다.

"내가 왜 그래야 하죠? 내 소중한 시간을 왜 당신한테 낭비해야 되는 건데요?"

참으로 신기하지 않나요? '새로운 일을 시작해 보자!', '이 일, 정말 잘해 보겠어!', '말끔히 집 안을 정리하는 거야!' 등등 **무언가를 적극적으로 해 보려고 마음만 먹으면, 때마침 훼방꾼이 등장하는 바람에 계획은 흐지부지되니 말입니다.**

훼방꾼이라는 존재. 이는 아주 절묘한 타이밍에 그야말로 귀신처럼 나타나 사사건건 어깃장을 놓습니다. 그러다 보면 사기는 저하되고, 업무도 하염없이 제자리걸음에, 쓰레기통을 방 불케 하는 방 안도 여전히 그대로이지요. 앞서 언급한 에피소드에서도 동료가 감정적으로 내뱉은 말을 계속 마음에 담아 둔다면, 적극적으로 업무에 임할 의욕을 상실해서 끝내 손을 놓아 버리기 십상입니다.

저의 경우, 이처럼 악몽 같은 일을 연거푸 당하자 문득 이런 생각이 들었습니다.

'혹시 내가 상황에 대한 변명거리를 찾으려는 건 아닐까?

남을 탓하면서 책임을 떠넘기는 걸 수도 있어.'

그래서 남 탓하기를 멈추고 나의 일에 집중하자며 심기일 전해 보기도 했습니다. 하지만 어김없이 등장한 훼방꾼 앞에 전투력은 번번이 무너지고 말았지요. 당연한 현상입니다. 부정적인 생각이 머릿속에 빙글빙글 맴돌고 있으니, 하려던 일이 차일피일 미뤄지고 의욕도 가라앉을 수밖에요.

커져 가는
악몽

당신이 하고자 하는 일마다 누군가가 자꾸만 방해한다고 느끼나요? 그렇다면 당신에게는 타인의 사소한 말과 태도에 집착하며 자기 내면에 악몽을 키우는 성향이 있을지도 모릅니다.

보통의 사람이라면 '그럴 수도 있지 뭐' 하고 가볍게 넘길 일도 '저 사람은 나한테 무슨 억하심정이 있어서 저러지?', '날 미워해서 이러는 거야!'라며 한없이 부정적인 상상을 부풀립니다. 이 같은 악몽에 사로잡혀 상대에게 날카로운 태도로 대응하면 그 사람 또한 기분이 상해 날카롭게 받아칠 가능성이 큽니다. 한낱 꿈에서 그칠 수도 있는 악몽이 살아 숨 쉬는 현실로 변해 버리는 순간이지요. 결국 나의 몸과 마음에 스트레스가 점점 쌓이고, 하고 있는 일에도 제동이 걸립니다. 무언가에 꽁꽁 묶인 것처럼 답답하고 괴롭습니다.

혹시 당신은 타인의 별것 아닌 말과 행동에 발끈하면서 '내 일에 훼방을 놓으려는 속셈인가?', '날 괴롭히려고 작정했네'라며 나도 모르게 상대방의 의도를 감지하려 하나요? 만약 그렇다면 고통의 늪에 빠져들지 않도록, 마음속으로 이렇게 외쳐 보세요.

'나는 지금 남의 기분을 내 멋대로 상상해서 악몽을 꾸려는 거야!'

이 사실을 스스로 깨우치면 그러한 악몽에서 벗어날 수 있습니다. 그렇게 악몽에서 깨어나면 더 이상 다른 사람의 언행에 휘둘리지 않고 내가 하는 일에 몰두하게 됩니다. 놀랍게도 말이에요.

겸손은
미덕이 아니다

타인의 기분을 마음대로 짐작하기 시작하면 무슨 일이 벌어질까요? 주위 사람들 모두가 자기밖에 모르고 나를 짓밟으려 하는 비열한 괴물로 보입니다. 악몽의 세계에서 괴물이 등장하는 건 어쩌면 당연한 일일 테니까요.

남을 우선시하는
진짜 이유
———

잔인한 괴물들만 우글거리는 지옥 속에서 지내다 보면 이런 다짐을 하게 됩니다.

'나는 절대 저 사람들처럼 끔찍한 괴물이 되지 않겠어!'

그리고 이를 위해서는 과연 어떻게 살아가야 할지 고민하기에 이르지요. 그 결론은 '겸손하게 생각하고 행동하자' 정도가 될 것입니다. 혼자만 살아남겠다고 악다구니 쓰는 괴물들 속에서 남과 다르게 차분하고 우아한 삶을 영위하려면, 타인을 최대한 존중하고 나 자신은 내세우지 않는 태도를 지녀야 한다고 말이에요.

가령, 남의 험담이나 자기 과시는 피하고 갈등이 생겼을 때 나의 잘못임을 겸허히 인정하며 상대에게 사과를 하는 것입니다. 그런데 아름답고 고결하게 살아가려다 보면 점점 나보다 남을 우선시하게 되지요. 아무리 혹독하게 마음고생을 하더라도 드러내지 않은 채 속으로 꾹 삭히면서요.

겸손할수록
현실은 악몽

앞에서도 설명한 바 있듯, 상대방의 기분을 헤아리고 또 상상할수록 악몽은 차츰 부풀어 오르고 이내 현실이 됩니다. 누군가 자신의 흉을 보고 다닐지도 모른다고 노심초사하면 결국 그런 일이 실제로 일어납니다.

믿기 힘들겠지만 사실입니다. 남의 기분을 상상할수록 그대로 현실화되는 것이 악몽의 특징이니까요. **겸손하게 살고자 노력하면 할수록, 악몽 속의 극악무도한 괴물이 정말로 모습을 드러내어 나를 옥죄어 옵니다.** 벗어날 수 없는 사면초가 상태에 빠지고 맙니다.

이상하게도 우리가 스스로를 낮춰 가며 겸손하게 행동할수록 괴물은 기고만장해져서 나를 마음대로 휘두르려 합니다. 나의 사정은 안중에도 없이, 흡사 맡겨 놓은 돈이라도 되돌려 받듯 요구 사항이 끝없이 늘어 가지요. 나로서는 울며 겨자 먹기로 원치 않는 일을 떠맡은 채 속으로 끙끙 앓을 따름입니다.

오만한 태도로 타인을 불편하게 만드는 건 질색이라 늘 겸손하게 처신하려 하건만, 주위 사람들은 어째서 내게 점점 더 함부로 구는 걸까요?

이런 일을 겪을 때면 과거의 저는 그 원인을 애써 나 자신에게 돌리곤 했습니다.

무시했더니 살 만해졌다

'다 내가 뭔가 잘못했으니까 이런 대접을 받는 거겠지…….'

하지만 그처럼 부정적인 자기 암시에 빠져들자 더더욱 상대를 무시할 수가 없었어요. 물론 한편으로는 '내가 잘못했을 리가 없잖아. 겸손하고 선하게 행동하려고 평소 얼마나 안간힘을 쓰는데' 하면서 나름의 방어막을 쳐 보기도 했습니다.

그러나 여전히 상대방이 신경 쓰인다면 이 또한 소용없지요. 악몽 속 괴물들은 나를 벼랑 끝으로 내몰며 시시각각 목을 죄어 옵니다. '난 항상 남을 위하려고 하는데, 어디서부터 어떻게 잘못된 걸까? 대체 왜 이런 거야?'라는 의구심과 불만이 생겨나기에 그들의 일거수일투족을 오히려 더 지나치지 못하고 촉각을 곤두세우게 됩니다.

상대의 숨은 의도가 과연 무엇일지 상상의 나래를 펼치며 악몽을 키우는 사이, 잔혹한 괴물들은 실제로 나타나 나를 공격하고 상처를 입힙니다.

타인의 말과 행동에는 별 뜻이 없다

제가 겸손하게 행동했던 이유는 나는 그들처럼 끔찍한 괴물이 되고 싶지 않다는 마음 때문이었습니다. 하지만 그럴수록 괴물들은 노골적으로 잔인함을 드러내며 나를 공격해 대니 미치고 팔짝 뛸 노릇이었지요. 상대의 기분을 상상할수록 악몽이 현실이 되는 악순환이 무한 반복되었습니다.

당신 역시 마찬가지일 것입니다. 착하고 겸허하게 살아가려 할수록 주변 사람들의 기분을 살피게 되고, 그럴수록 악몽은 불 번지듯 커질 거예요. 이윽고 당신도 악몽이 현실이 되는 최악의 상황을 맞이할지 모릅니다. 아니, 이미 그 속에 놓여서 힘겨워하고 있을지도 모르겠습니다. 이 굴레에서 벗어나려면 어떻게 해야 할까요?

답은 간단합니다. 겸손함을 버리고 내 마음 가는 대로 행동하는 것입니다. 그러면 놀랍게도 악몽 속에서 눈이 뜨입니다. 내 곁에 득실대던 괴물들이 거짓말처럼 싹 사라지지요.

악몽에서 깨어나면 애당초 괴물이란 없었음을, 사람은 모두 나와 크게 다르지 않다는 사실을 깨닫습니다. 타인과 나 사이에 엄청난 차이가 존재하지 않으므로 **그들의 말과 행동에도 그리 큰 의미가 없음을 알게 됩니다.**

무시했더니 살 만해졌다

그러면 남들의 말과 행동을 담담히 흘려버릴 수 있고, 곧 마음의 평화가 찾아오지요. 겸손함을 버리면 남에게 상처 받는 일이 없어진다니 흥미롭지 않나요?

상대의 사소한 언행을 쉽게 넘기지 못하고 자꾸만 그의 감정을 살핀다면, 머지않아 당신의 눈앞에 잔혹한 현실이 펼쳐진다는 걸 기억하세요. 우리가 자신을 낮추고 상대방의 기분을 맞춰 줄수록 그는 숨겨져 있던 탐욕과 가학성을 드러내니까요.

어쩌면 당신의 생각은 이와 조금 다를 수도 있습니다. 예를 들어 '괴물 같은 사람들이 제멋대로 날뛸수록 나는 그들을 더욱더 겸손하게 대할 거야'라는 이상적인 마음을 품고 이를 실천하려 고군분투하겠지요.

하지만 아쉽게도 제가 말할 수 있는 것은, 그래 봤자 괴물들에게 공격과 상처를 받아 만신창이가 될 뿐이라는 사실입니다. 스스로 고리를 끊어야 합니다. 그러지 않으면 언제까지고 악몽 속에서 살아갈지도 모릅니다.

착한 사람이
고통에 빠진다

'왜 사람들은 나한테만 거리낌 없이 무리한 요구를 할까? 남들에겐 안 그러면서. 함부로 선을 넘는 이유가 뭐지?'

혹시 이런 고민으로 밤잠을 설치지는 않나요? 예전의 저는 사람들이 유독 나를 만만하게 여기고 얕보는 것 같았습니다. 화가 치밀어 오르는 동시에, 왜 나에게만 이런 일이 벌어지는지 궁금했지요. 이유를 너무도 알고 싶었습니다. 그래서 남들과 내가 무엇이 다른지 유심히 관찰한 끝에 한 가지 사실을 발견했습니다. 바로 지나치게 공손한 태도였지요.

무시했더니 살 만해졌다

예의와 겸손,
그 이면의 심리

저는 누구에게나 겸손하고 예의 바르게 대해야 한다는 강박관념을 가진 사람이었습니다. 허물없이 지내는 친구 또는 사회적으로 동등한 관계라고 해도, 초지일관 상대의 기분을 맞춰주고 배려해야만 직성이 풀렸지요. 스스로도 그 정도가 지나치다 싶어서 다음부터는 그러지 않겠노라 혼자 다짐해 봐도, 역시나 누군가를 만나면 나도 모르게 상대를 우선시하는 태도가 튀어나왔습니다.

그러는 이유를 따져 보니 문득 스치는 생각이 하나 있었습니다. 저는 **미움 받고 싶지 않았던 겁니다.** 어릴 때부터 자존감이 낮았던 저는 진정한 내 모습을 알면 모두가 등을 돌릴지도 모른다는 두려움이 강했습니다. 사람들에게 미움 받고 싶지 않아서, 또는 형편없는 나 자신을 들킬까 봐 비굴하리만치 저자세로 굴면서 남들의 비위를 맞추고 살아왔던 것이지요.

특별히 머리가 좋지도, 운동 신경이 뛰어나지도 않은 데다 말주변도 없는 제가 남들로부터 버림받지 않기 위해서는 상대를 먼저 배려해야만 한다고 믿었습니다.

그러나 배려를 하면 할수록 상대는 예외 없이 괴물로 변해 저에게 폭언과 푸대접을 일삼았지요. 다른 사람에게는 선뜻 부탁하지 못할 일도 제게는 눈 하나 깜짝 않고 당연하게 요구하는 경우가 부지기수였습니다.

하지만 저는 그들의 부당한 태도와 요구를 순순히 받아들였고, 그저 왜 나만 이런 일을 당하나 싶어 속을 끓이기만 했습니다. 그러다 보면 자기혐오에 빠지기도 했지요. '그냥 무시하면 될 것을 이렇게 힘들어하다니, 나도 참 못났다!'라는 생각에 이르는 것입니다.

타인은 적이라는
강박

남의 눈치를 보며 살다 보면 인간관계에서 늘 저자세가 되고, 그러면 상대는 괴물로 변신해 나를 마구 짓밟으려 합니다. 나는 더욱 그를 무시하지 못한 채 쩔쩔매게 되니, 자신감은 바닥으로 곤두박질치고 말지요.

이쯤에서 누군가는 "그럼 좀 더 당당해지면 되잖아!"라고 다그칠지도 모릅니다. 하지만 그게 말처럼 쉽지가 않다는 게

무시했더니 살 만해졌다

문제예요. 마치 다이빙대 위에서 까마득한 물속을 내려다보며 온몸이 얼어붙는 느낌이라고 할까요? 머리로는 당장 뛰어내려야 한다고 외치지만 내 몸이 좀처럼 말을 듣지 않는 상태와 다름없습니다. **'더 이상 비굴하게 굴어선 안 돼!'라고 스스로 아무리 되뇌어도 몸에 밴 습관 탓에 쉽사리 그만둘 수가 없는 것이지요.**

물론 스스로도 이러한 태도에 분명 문제가 있음을 알고 있습니다. 부지런히 눈치를 보고 하나하나 비위를 맞춰 줄수록 상대는 악랄해진다는 사실도 잘 알고 있지요. 괴물로 변한 상대가 내뱉는 발언은 위험 수위가 점점 높아지고, 가시 돋친 그 말들은 나의 머릿속을 주구장창 맴돌게 됩니다. 화를 돋우고 평정심을 잃게 만들지요.

더욱 심각한 점은 이렇게 자신을 깔아뭉개는 상대에게 원한을 품고 언제 어떻게 복수할지를 줄곧 궁리하게 된다는 것입니다. 이런 탓에 생산적인 일에 제대로 몰두하지 못하고, 소중한 시간과 에너지를 낭비하기만 하지요.

이처럼 나 자신에게 명백히 손해가 돌아오는 행위임을 알면서도 저는 저자세로 일관하는 태도를 고치지 못했습니다. 그 이유가 대체 무엇인지 묻고 또 묻던 어느 날, 퍼뜩 한 가지 생각이 섬광처럼 떠오르더군요.

'나는 나 이외의 모든 사람들을 괴물이라고 여기는 것 아닐까?'

이는 사실이었습니다. 타인은 하나같이 괴물이고, 그러니 그들이 틈만 나면 나를 공격하거나 싫은 일을 억지로 강요하는 게 당연하다고 생각했던 겁니다. 이 깨달음은 저에게 적잖은 충격이었습니다.

낮은 자세를 버릇처럼 취하지 않는다면 상대방을 괴물로 만들 일도 없지요. 그러나 저는 이런 태도를 그만두지 못하면서 타인과 관계를 맺는 순간마다 마음 깊은 곳에서 **'저 사람은 괴물이야!'라고 단정 지었으니 결코 대등한 관계를 형성하지 못했던 것입니다.**

숨을 가다듬고, 내가 모든 사람들을 괴물이라고 생각하는 까닭을 짚어 보았습니다. 이유를 좀 더 파고든 끝에 다다른 결론은 다음과 같았지요.

'나 자신이 악몽 속에 살고 있기 때문이야.'

두 눈을 뜨고서도 저는 여전히 악몽 속을 살아가고 있었던 거예요. 그래서 나만 제외하고는 전부 다 괴물이라는 생각에 잔뜩 위축되었던 겁니다. 악몽 속에 있다니 참 무시무시한 말이지만, 명확한 이유를 알게 되자 왠지 마음이 놓였습니다. 그리고 일련의 과정을 머릿속으로 차근차근 정리했더니, 저자세로 사람을 대하는 이 고질적인 습관을 언젠가는 버릴 수도 있겠다 싶더군요.

너와 나는
다르지 않다

지난날을 돌아보면 제 머릿속은 이런 생각들로 가득 차 있었습니다.

'남들은 전부 나를 공격하는 존재야.'

'저 사람, 겉으론 웃어 보여도 언젠가는 내 등에 칼을 꽂을 걸? 조심해야 해.'

주변 사람들을 멋대로 규정하고는 조심스럽게 대하는 차원을 넘어 경계심으로 똘똘 뭉쳐 비굴에 가까운 태도를 유지했지요. 이것이야말로 최대한 그들과 거리를 두고 스스로를 지키는 방법이라고 여겼습니다.

물론 어느 순간, 내가 상대방을 예의 있고 겸손하게 대할수록 상대는 괴물로 변한다는 사실을 알아차리긴 했습니다. 그럼에도 불구하고 이미 익숙해진 습관을 버리지는 못했습니다. 악몽을 현실이라고 믿고 살았으니까요.

그런데 사람들에게 모진 말을 듣고 원치 않는 일을 강요받는 것들이 단지 나만의 악몽이었음을 깨우친 순간, 비로소 그런 태도를 그만둘 수 있었습니다. 그리고 머지않아 타인과 대등한 관계를 형성하게 되었지요. 심지어 상대방이 교수나 기업 CEO 등 사회적으로 꽤 명망 있는 위치에 있는 인물이라 해도 말입니다.

예전의 저였다면 상상도 못할 일이지요. **하지만 악몽에서 눈을 떠 보니 모두가 나와 같은 인간이었습니다. 따라서 더 이상 그들의 눈치를 보지 않고 스스럼없이 대하게 되었고요.** 그러자 상대가 나에게 불쾌감을 주는 일이 사라졌습니다. 그동안 스스로가 만들어 낸 악몽 속에서 현실을 살았던 것임을 뼈저리게 느꼈지요.

'그들도 나와 같은 똑같은 인간이다.'

이 중요한 진리를 깨닫자 삶이 달라졌습니다. 남들로부터 아무리 마음에 거슬리는 이야기를 듣게 되더라도, 혹은 아무리 무리한 부탁을 받게 되더라도 여느 사람들처럼 가볍게 무시하게 된 것입니다.

　소심한 제게는 있을 수 없던 일. 이것이 가능하다는 건 이루 말할 수 없이 기쁜 경험이었습니다. 조금 과장하자면, '그동안 다른 사람들은 이토록 편안하게 지내 왔던 거야?' 하는 생각에 배가 아플 정도였어요.

민감함은
출세의 걸림돌

오랫동안 심리 상담을 해 오면서 다음과 같은 의문을 품게 되는 내담자들을 많이 만났습니다.

'출중한 능력을 지녔는데도 왜 직장에서 승진하거나 대외적으로 인정받지 못할까?'

두뇌가 명석하고 배려심도 있는 데다 함께 대화해 보면 분명 참 유쾌한 사람인데, 이상하게도 회사에서 좀처럼 인정을 받지 못하거나 걸핏하면 회사를 그만두곤 하니 저로서는 의아할 따름이었습니다.

일 잘해도
인정받지 못하는 사람

그들에게는 공통점이 하나 있었습니다. 마음의 민감도가 높다는 점입니다. 보통의 사람들이라면 '어휴, 또 시작이네' 하며 적당히 흘려들을 일을 이들은 그냥 넘어가지 않습니다.

"무슨 의도로 그런 말씀을 하시는 겁니까?"

이렇게 정색하며 맞받아치는 것이지요. 내담자가 제게 이같은 경험담을 들려주었을 때는 탄식이 나왔습니다. 하도 답답해 이런 생각까지 들었지요.

'절대 반응하면 안 될 상황에서 그렇게 감정적으로 대응하다니⋯⋯. 아아, 이 친구 출세는 물 건너갔군!'

누구 못지않게 업무 능력이 뛰어난데도 동료나 상사로부터 도무지 그만큼의 평가를 얻지 못하는 그들. 너무도 억울한 마음일 것은 십분 이해가 갑니다. 그런데 도대체 왜 이런 일이 생기는 걸까요?

사소한 일에도 민감하게 반응하면 주위 사람들로부터 평판이 나빠지기 때문입니다. 성과를 낸다 해도 그에 상응하는 인정을 받지 못하는 것이지요.

껄끄러운 일을 가뿐히 무시해 버리는 사람은 늘 자신감이 넘칩니다. 알고 보면 업무 능력이 그리 대단치 않음에도 당당한 태도가 플러스 요인이 되어 남보다 더 많이 인정받고 승승장구하지요.

반면 주변 사람들의 말과 행동에 유난히 민감한 사람은 조그만 일에도 '저 사람이 어떻게 나한테 이럴 수가 있지?'라며 쉽게 울분을 터트리거나, '또 이런 일이 반복되면 어쩌지?' 하고 불안감에 빠져서 점점 의기소침해집니다.

모처럼 능력을 발휘해도 늘 긴장한 채로 지내다 보니 자신만만한 동료에게 관심과 주목을 빼앗기기 일쑤입니다. 이런 사람의 앞날은 안타깝지만 불 보듯 뻔합니다. 시간이 지날수록 출세는커녕 입사 동기와 연봉 격차가 벌어질 따름이지요.

하필 그때
폭발해 버리는 감정

저의 지인 중 한 사람은 평소 민감도가 높지만 불쾌한 상황에서는 '인내심 버튼'을 꾹 눌러 감정을 자제해 왔습니다. 그런데 드디어 상사에게 인정받아 승진이 눈앞에 보이는 바로 그

순간, 지금껏 참고 참았던 불만이 봇물 터지듯 폭발하는 참상이 벌어지고 말았지요. 그는 상사 앞에 사표를 내던졌습니다.

물론 그의 회사 또는 상사가 부하 직원인 그에게 오랫동안 횡포와 부당함을 일삼았을 수도 있습니다. 하지만 문제는 타이밍입니다. 완전히 벼랑 끝까지 내몰린 상황에 '더 이상은 못 참겠다!' 하는 심정으로 폭발했던 것도 아니고 한창 잘되어 가는 시기, 즉 **출세라는 절호의 기회를 잡을 타이밍에 하필 사표를 내던졌다는 것이지요.**

짐작하건대 그는 겉으로는 태연한 척했을지언정 상사나 동료의 다소 언짢은 언행을 필요 이상으로 크게 해석하며 속으로 삭혀 왔을 겁니다. 남들처럼 별것 아니라는 듯이 가볍게 넘기지 못하고 분노와 스트레스를 차곡차곡 내면에 쌓아 오다가 결국 한계치를 넘어 버렸지요. 이 순간 **회사는 악덕 기업으로, 상사는 최악의 인간으로 여겨졌을 것이기에 그는 더 이상은 못 하겠다 싶어 비명을 내지른 겁니다.**

흥미로운 사실은, 이런 식으로 회사에서 도망친 대부분의 사람들이 나중에는 '고작 그런 이유로 회사를 그만두다니' 하면서 후회를 한다는 점입니다. 여러 가지 일에 과민하게 반응하는 사이 켜켜이 쌓인 스트레스를 어찌할 줄 몰라 자리를 박차고 나왔건만, 시간이 지난 뒤 돌이켜 보면 미련이 남는 것이지요.

당신은 어떤가요? 혹시 '나도 그때 그 고비만 무사히 넘겼으면 무난하게 승진하고 일도 잘 풀렸을 텐데……'라며 씁쓸해하고 있지는 않나요?

주변의 기대치가
점점 낮아진다

저 또한 이런 민감함 탓에 슬럼프에 빠진 적이 많습니다. 참고 견디며 아득바득 노력했지만, 하찮은 일도 워낙 예민하게 받아들이다 보니 어느 순간부터 회사 사람들이 죄다 극악무도한 악당으로 보이기 시작했지요. 그저 적개심과 경계심으로 똘똘 뭉친 상태로 일터에서 하루하루를 넘겼으니, 당시에는 '이대로 살다가는 몸도 마음도 다 무너지겠구나' 싶은 생각이었습니다.

한때는 회사를 이끌어 갈 인재로 주위의 기대를 한 몸에 받기도 했건만, 툭하면 감정적으로 반응하며 안달복달하는 저의 모습을 보면서 사람들은 혀를 차기에 이르렀지요.

"저렇게 그릇이 작아서야 어디 출세하겠어?"

자존심이 크게 상했지만 어쩔 수 없었습니다. 결국 사람들의 눈 밖에 난 채로 경력에는 전혀 도움 되지 않는 온갖 잡무만 떠맡게 되었지요. 처음에는 그래도 마음을 다잡곤 했습니다. 이것만 잘해 내면 출구가 보일지도 모른다며 스스로를 다독였어요. 하지만 번번이 승진 대상에서 누락되었고, 아무리 객관적으로 생각해 봐도 업무 역량이 저보다 못한 동료들에게 밀리기만 했습니다. 애써 부정하며 떨쳐 내고 싶었지만 어느새 비참한 기분에 사로잡혔지요. 극심한 스트레스가 심한 복통으로 이어져 실신한 적도 있었습니다.

컨디션 난조가 계속되자 사람들은 제 뒤에서 "거봐, 심약한 사람은 절대 출세 못 해"라고 수군거렸고 저의 심신은 그야말로 너덜너덜해지고 말았습니다.

둔감해지면
길이 보인다

사사건건 민감하게 반응하고 마는 스스로가 한심해서 견딜 수 없었습니다. 다른 누구보다 저 자신이 가장 고치고 싶어 했겠지만, 어디서부터 어떻게 시작해야 할지 몰랐습니다. 오죽하면 이런 말을 곱씹을 정도로 허무맹랑한 생각마저 들었지요.

'뇌를 꺼내서 깨끗이 씻어 버리고 싶다!'

다른 사람들은 소위 '쿨'하게 무심코 흘려버리는데 나는 사소한 일에도 이렇게나 전전긍긍하니, 저에 대한 주변 사람들의 평가는 갈수록 나빠질 뿐이었습니다. 한때는 그들을 원망하고 서운해했지만 어쩔 수 없는 일이었을 거예요. 제가 저를 봐도 답답했으니까요.

그러는 사이 당연히 일터에서 승진할 타이밍도 매번 놓쳤습니다. 이는 정신적으로, 경제적으로, 또 사회적으로 저라는 사람에게 이만저만 손해가 아니었지요. 악순환은 반복되었습니다. 상황이 그렇게 돌아갈수록 또다시 민감하게 반응하게 되고 스트레스 지수가 훌쩍 더 높아졌거든요.

그런데 민감함을 둔감함으로 바꾸자 기적과도 같이 자유가 찾아왔습니다. 제게만 일어났던 변화는 결코 아닙니다. 저는 높은 민감도 탓에 직장에서 성공 가도가 막히고 정신마저 피폐해진 내담자들에게 경험자 입장에서 이 같은 이야기를 들려주며 조심스럽게 조언을 건넸는데, 그 결과 그들도 몰라보게 달라지더니 회사에서 승승장구하기 시작했습니다.

예를 들어, 별것 아닌 일에 집착하다 업무에 지장을 받던 사람이 아주 조금 둔감해졌을 뿐인데 놀라운 기세로 어려운 업무를 척척 해결하며 경이로운 실적까지 기록한 것입니다. 신기하지 않나요? 단지 둔감해졌다는 이유만으로 믿기 어려울 정도의 긍정적인 변화가 찾아왔다는 사실이 말이에요.

지난 오랜 세월 동안, 세상의 많은 사람들은 이런 믿음을 갖고 있었습니다.

"민감하고 세심한 사람이 출세한다."

하지만 이것은 엄청난 착각이었지요. 알고 보니 성공은 성향이 정반대인 사람을 위한 것이었습니다. **둔감하고 무심한 사람은 불필요한 일을 억지로 떠맡지 않습니다. 하는 일에 훼방을 놓는 타인도 없습니다. 그러므로 마음은 평온하며 이렇다 할 장애물도 없고, 결과적으로 자신이 가진 능력을 마음껏 발휘해 승진 등 사회적으로 더 높은 궤도에 오를 가능성도 그만큼 높아지지요.**

지금껏 우리는 둔감한 사람들을 두고 '주변을 나 몰라라 하는 매정하고 무책임한 부류'라고 여겼습니다. 하지만 민감한 사람들이야말로 어떻던가요? 물론 다 그런 건 아니겠지만, 겉으로는 사람 좋은 척 행동할지라도 속으로는 '나보다 못한 놈이 잘나가다니 말도 안 돼!' 하며 분통을 터트립니다. 스스로의 예민함을 다스리거나 승화하지 못한 채 상대방이 알아차리지 못하게 혼자서 그 사람을 쉴 새 없이 괴롭힙니다. 또 무엇보다 자기 자신을 끊임없는 고통 속으로 밀어 넣지요.

헛된 악몽에서 눈을 뜨면 비로소 길이 보입니다. 아무도 나를 방해하지 않으며, 오히려 주변에서 나를 지지하고 도와주는 멋진 인생이 펼쳐집니다.

그러니 뇌를 꺼내서 씻어 내고 싶다는 무시무시한 생각 같은 건 더 이상 할 필요가 없습니다. 그저 조금 둔감해지기만 하면 되니까요.

제2장

—

오늘도
당신이
괴로운 이유

그 사람의 말과 행동을 아무리 좋게 받아들이려 해도

고맙기는커녕 하루하루 피곤하고 지치기만 합니다.

그가 나를 못살게 구는 근본적인 이유는 무엇일까요?

아마 그는 스스로도 미처 깨닫지 못한 본능에 따라

공격적으로 당신을 대하고 있을 거예요.

반응해야 할 일,
반응하지 않아도 될 일

언젠가 아파트 주차장에서 옆집 가족의 차가 주차선 밖으로 튀어나온 상태로 세워진 걸 목격했습니다. 순간적으로 짜증이 확 올라왔습니다.

'저러면 내 차를 빼기 힘들잖아! 어쩌란 거야?'

사실은 당장 무슨 큰일이 일어나는 것도 아닌데 '다른 사람들에게 피해를 줘선 안 되지!', '앞으로 주차 좀 똑바로 하라고 한마디 해야겠다' 하는 식으로 불쾌한 감정에 사로잡혀 생각을 불려 나갔지요.

부정적인 생각은 이내 꼬리에 꼬리를 물고 끝없이 이어졌고, 온갖 추측을 하기에 이르렀습니다.

'그렇게 말했다가 날 더 괴롭히는 거 아냐?'

'잠깐, 이거 혹시 내가 미워서 일부러 이런 건가? 안 그래도 요즘 좀 꺼림칙했는데.'

만약 무시하는 기술을 가진 사람이 이 이야기를 들으면 참으로 어처구니없다는 반응을 보일지도 모르겠습니다. 대체 그런 쓸데없는 걱정은 왜 하는 거냐고 타박하겠지요.

저 스스로도 걱정과 불안으로 시간을 낭비하는 자신이 한심하긴 했습니다. 그렇지만 마치 굴레에 빠져 버린 것처럼 부정적인 억측을 멈출 수가 없었습니다. 그처럼 생각을 '정지'하는 게 가능했더라면 애초에 고민이 시작되지도 않았겠지요. 머릿속에서 아무리 몰아내려 해도 어느새 주차장에서의 그 장면이 스멀스멀 떠오르고, 그러다 보면 울화가 치밀어 오르는 걸 어쩌겠어요.

남이 주차를 어떻게 하든, 명백한 법규 위반이 아니라면 조금 찜찜하더라도 무시하면 그만입니다. 하지만 그러지 못하고 속으로 계속 곱씹다 보면 기분이 가라앉고 나중에는 분노로 바

뀌기까지 하지요.

'휴, 괜히 그 사람 때문에 내 시간만 낭비했잖아!'

나만
손해 본다는 생각

이렇듯 사소한 일로 예민해지지 않으려면, 내가 해야 할 일
과 하지 않아도 될 일 사이에 명확히 선을 긋는 태도가 필요합
니다. 배짱이 두둑한 사람은 심지어 다음과 같은 태도를 취하
기도 합니다.

"누가 내 머리부터 배꼽까지만 건드리지 않으면 생명에는
지장 없으니, 나한테 뭘 어쩌든 신경 안 써."

그야말로 무시의 고수라 할 만하지요.

이 정도 내공에는 이르지 못하지만 흥미로운 기준을 갖고
있는 사람을 만난 적도 있습니다.

"내 양팔을 사방으로 쭉 뻗은 범위 밖에서 일어난 일이면,
누가 뭐라 해도 무시한다."

이 또한 자신에게 직접 위해를 끼치지 않는다면 크게 개의
치 않겠다는 뜻이지요. 이러한 마음가짐이라면 옆집 사람이 무

슨 행동을 어떻게 하든 내 사정권 안에는 없는 셈이니 무시하면 될 일입니다.

마찬가지로 지하철에서 눈살을 찌푸리게 하는 꼴불견 승객이 거슬려도 나의 양팔을 벌린 범위에 바깥에 있다면 내가 신경 쓸 바 아니지요. 이처럼 확실한 기준이 생기면 깔끔하게 선 긋기가 가능해집니다. 조금은 경우가 다르지만, 불편한 내용의 메일이나 문자메시지 역시 내 양팔을 벌린 범위 밖이니 가볍게 무시하면 한결 편해질 거예요.

그런데 이처럼 자기만의 확고한 무시 기준이 없더라도, 대부분의 사람들은 자신의 이익과 관계없는 일에는 자연스럽게 신경을 꺼 버립니다. 비유하자면 '그걸 신경 쓰면 나에게 득이 되는가'를 머릿속에 입력해 보고, '아니다'라는 답이 나오거든 실제로 이를 흔쾌히 무시해 버리는 기능이 장착되어 있기 때문입니다.

반면에 무시를 못 하는 사람들의 경우 이렇듯 남들은 당연하게 하고 있는 선 긋기가 불가능합니다. **아무리 별것 아닌 일도 전부 자신에게 손해를 끼친다고 믿기 때문에, 매사에 신경**

무시했더니 살 만해졌다

이 날카로워지고 예민하게 반응하지요.

저 역시 그랬습니다. 스스로가 민감해지는 상황이 언제인지 곰곰이 돌이켜 보면, 나만 손해를 본다는 느낌이 강할 때였습니다. 불필요한 피해 의식에 찌들어 있었던 셈이지요. 당신은 어떤가요? 길거리에 떨어져 있는 작은 쓰레기 하나에도 과하다 싶을 정도로 짜증이 툭 튀어나오진 않나요? 그렇다면 항상 나만 손해를 본다는 그릇된 편견이 당신 머릿속에 깊게 뿌리박힌 탓일 겁니다.

이런 피해 의식은 단순히 시간이 지난다고 해서 사라지지 않습니다. 오히려 심화되지요. 주위 사람들 눈에는 설령 부지런하고 근면 성실한 사람처럼 보일지라도, 사실 나 자신은 '늘 손해만 보며 살고 있다'는 강박과 더불어 언제 어떻게 잘못될지 모른다는 공포에 사로잡혀 지낼 뿐입니다.

부자의 사고방식을
적용할 것

———

경제적으로든 정신적으로든 손해를 보고 싶지 않다는 생각. 이것이 강렬하므로 나를 둘러싼 이런저런 일들에 신경을 씁니다. 그런데 신경을 쓰면 쓸수록 불쾌한 일이 잇달아 벌어지고 내가 갖고 있던 것까지 빼앗기니 기가 막힐 노릇입니다. '손해 보기 싫다'를 이른바 삶의 기준으로 세워 두고 하나하나 민감하게 반응했을 뿐인데, 오히려 더욱 결핍을 부르는 구조에 빠지다니 섬뜩합니다.

이 구조를 뒤집어 보면 어떨까요? 불쾌한 일을 무시하지 못해 정신적으로, 경제적으로 가난해지고 싶지 않다면 부자의 기준에서 선 긋기를 하면 됩니다.

부자는 어떤 일이 벌어졌을 때 '내가 신경 쓸 가치가 있는 일인가'를 기준으로 선 긋기를 합니다. 이를 실행해 보면, 신기하게도 어떻게든 손해 보지 않으려고 노심초사하던 마음이 사라지고 욕심을 담담히 흘려버리게 됩니다. 다시 말해 **'가치의 유무'를 따져 보는 것은 대단히 강력한 힘을 발휘하는 셈이지요.**

보다 구체적으로 살펴보겠습니다. 가령, 당신이 버스를 탔는데 교통 정체가 심한 탓에 차가 느릿느릿 거북이 운행을 하고 있네요. 평소 같았으면 마음속에 없던 화까지 모조리 끌어와서 답답함으로 가슴을 쳤을 겁니다.

'운전기사 실력이 꽝이네. 좀 융통성 있게 요리조리 빠져나

가란 말이야!'

하지만 앞서 말한 기준을 적용해 보면 달라지겠지요. 내가 신경 쓸 가치가 있는 일인지 자문해 보는 것입니다. 그러면 순순히 무시하는 것이 가능해집니다.

이처럼 부자의 사고방식으로 선 긋기를 해 보세요. 수십 번 되새김질하며 신경 쓰고 속 끓이던 일도 가볍게 지나치게 되니 마음에 평화가 찾아옵니다.

둔감해지기 위한 첫걸음은 '내가 신경 쓸 가치가 있는 일인가'라는 판단 기준을 두는 것입니다. 이로써 둔감해지기만 하면 당신의 인생은 알아서 척척 풀린다는 걸 기억하세요.

나를 공격하는
사람의 심리

일상생활에서든 업무에서든, 누군가가 당신에게 "네 방식은 틀렸어"라고 지적한다면 어떨 것 같나요? 우선은 기분이 상할 테고, 그래서 없었던 일로 여기고 싶지만 마음 한구석에서는 정말로 내 방식이 잘못된 건가 싶어 아무래도 신경이 쓰이겠지요.

고민 끝에 상대의 말을 받아들여서 방식을 바꿔 봤다고 가정해 봅시다. 그런데 그 사람이 이번에는 또 공격을 해 옵니다.

"아니, 왜 또 이랬다저랬다 하는 거야? 본인이 하던 방식이

무시했더니 살 만해졌다

자신 없었으면 처음부터 시작하질 말았어야지!"

당하는 입장에서는 기껏 그의 조언에 귀 기울여 변화를 시도한 건데, 이게 웬 적반하장인가 싶습니다. 어안이 벙벙할 따름입니다.

'누군가가 내게 하는 말에는 다 그럴 만한 이유가 있어.'

어릴 때부터 고지식한 면이 있었던 저는 타인이 하는 모든 말을 진지하게 받아들였습니다. 물론 그게 버거울 때는 이따금 주위 사람들에게 이런 제 성격과 더불어 고민을 어렵사리 토로하곤 했고, 그들은 "에이, 남들이 그렇게 하는 말은 그냥 무시하면 돼"라며 방향을 잡아 주기도 했습니다.

그럼에도 불구하고 저는 좀처럼 그러지를 못했지요. '상대방은 분명 좋은 의도로 얘기해 주는 건데 어떻게 무시를 해……'라는 생각에 줄곧 의미심장하게 받아들였습니다.

하지만 그 결과는 늘 의아했습니다. 이런 과정이 반복될수록 상대는 십중팔구 공격의 수위를 높여 왔고, 저는 상처투성이가 되어 있었습니다.

질투는
본능적인 반응

언젠가 직장 동료 한 사람이 저의 업무 방식에 이의를 제기하며 지적한 적이 있었습니다. 기분은 썩 좋지 않았지만 정말 어딘가 문제가 있을지도 모른다는 생각에 불안해졌고, 오랜 고민 끝에 업무를 진행하던 방법을 나름대로 바꿔 봤지요.

그러던 어느 날이었습니다. 그 동료가 휴게실에서 다른 동료들에게 제 험담을 하고 있는 걸 우연히 듣게 되었지요.

"나 참, 내가 별 뜻 없이 그냥 한 말을 진짜 심각하게 받아들이더라니까? 그래서 이번에 맡은 그 일도 내 말대로 하고 있더란 말이지. 줏대 없긴……."

순간 심장은 터질 듯 뛰어 댔고, 온몸이 부들부들 떨리면서 분노가 끓어오르더군요. 그 시간 이후부터 저는 하루 종일 업무에 집중하지 못한 채 씩씩댈 수밖에 없었습니다. 뭐라 한마디로 설명할 수 없는 갖가지 생각과 감정이 꽉 들어찬 상태에서 어찌어찌 집에 돌아왔고, 소파에 털썩 주저앉자 그제야 긴장이 풀리면서 눈물이 차올랐습니다.

'잘해 보려고 한 건데, 도대체 뭐가 문제인 거지? 이러지도

무시했더니 살 만해졌다

저러지도 못 하겠어. 일도 인생도 왜 자꾸 꼬이는 걸까?'

'내 주변에는 파렴치한 인간들만 가득하구나. 믿을 사람이 하나 없어.'

절망감으로 가득한 시간이었습니다. 언제나처럼 이 또한 가볍게 넘기지 못하고 한동안 '세상 사람들은 정말로 다 악한가' 하는 심오한 고민에 빠져 지냈습니다.

이런 상황에서 벗어날 수 있었던 건, 뜻밖에도 무심코 텔레비전에서 본 동물 관련 다큐멘터리 덕분이었습니다. 계속해서 상냥하게만 굴던 어떤 동물이 다른 동물에게 질투심을 느끼게 되자 별안간 난폭한 맹수로 돌변해 잔인한 공격을 퍼붓고 있었던 것입니다.

'그래, 질투는 동물적인 반응이야!'

상대방이 나를 그렇게 대하는 원인이 본능에 있다는 사실을 깨닫자 눈이 번쩍 뜨였습니다.

그러고 보니 저 역시 후배에게 질투심을 느낀 순간 그를 매섭게 몰아세우며 공격했던 일이 떠올랐습니다. 스스로 이런 말을 하기는 쑥스럽지만 저는 평소 누구에게나 깍듯이 예의를 차리는 편입니다. 화가 났다고 해서 고래고래 소리를 질러 대거나 길길이 날뛰는 모습은 상상하기 힘들지요.

하지만 그때는 전혀 달랐습니다. 그저 후배가 너무도 괘씸하다는 생각에 '건방진 자식! 네 코를 납작하게 눌러 주마' 하는 심정뿐이었습니다. 누가 봤다면 뭘 잘못 먹었나 싶을 정도로 한바탕 히스테리를 퍼붓고 말았지요. 상대방에게는 제가 마치 다른 인격체로 변한 것처럼 느껴졌을 겁니다.

당시에는 그것이 질투에서 비롯된 행동인 줄 꿈에도 몰랐습니다. 하지만 **난폭한 인격으로 돌변하는 등 평소 같으면 절대 하지 않을 법한 행동을 한다면, 이는 질투로 인해 히스테리를 부리는 것이라 할 수 있습니다.**

무의식중에 발생하는 질투 히스테리

질투 히스테리가 일어나면 즉시 얼굴에서 표정이 사라집니다. 예전의 일을 돌이켜 보면 제게 사무실이 떠나가라 고함을 지르며 날 선 비판을 하던 상사도 무표정한 얼굴이었지요. 그때는 '저 사람이 자기 감정을 자제하고 최대한 냉정하게 이야

무시했더니 살 만해졌다

기하느라 그런 건가' 싶었는데 지금 생각해 보니 그는 질투 히
스테리를 일으켰던 것 같습니다.

히스테리는 스스로 행동을 통제하기가 불가능합니다. 분
노에 사로잡혀 행패를 부리지만 인격 자체가 변하는 탓에 정작
본인은 자신이 지금 도를 넘은 행동을 하고 있다는 자각조차
없지요.

심지어 물불 안 가리고 성을 내다가도 히스테리가 가라앉
은 뒤에는 본인이 무슨 말을 했는지 모를 때도 있습니다. 그가
방금 전까지 내뱉은 비수 같은 말에 내 마음은 이미 갈기갈기
찢어졌건만, 당사자는 제대로 기억조차 하지 못합니다. 답답한
노릇이지요.

**더욱이 질투 히스테리는 상대가 그것을 진지하게 받아들일
수록 강도가 높아진다는 특징이 있습니다.** 그동안 나를 공격하
는 사람에게 일일이 대응하면 도리어 공격의 수위가 더 거세지
는 이유가 여기에 있습니다.

'에이, 나처럼 이렇다 할 특출한 점이 없는 사람한테 남들이
질투 따위 할 리가 없어.'

늘 남의 눈치를 보며 살아왔던 저는 이처럼 스스로를 낮추

고 또 낮춰 생각했지요. 그러다 보니 안타깝게도, 상대가 나를 질타할 때면 진심으로 걱정하는 마음에 일러 주는 것이라고 믿었던 겁니다.

질투 히스테리의 메커니즘

질투 히스테리는 자기보다 못하다고 여겼던 상대가 자신에게 없는 점을 가지고 있을 때 발생합니다. 저의 경험을 되돌아봐도 그렇습니다.

'이러니저러니 해도 한번 후배는 평생 후배 아닌가? 저 친구는 나보다 한 수 아래야.'

늘 나보다 부족하고 채워야 할 게 많을 거라며 가여워했던 후배. 걱정되는 마음에 선배로서 훈수도 두곤 했지요. 하지만 어느새 그는 제가 모르는 분야에 대해서도 너무나 잘 알고 있었고 업무 역량도 일취월장했습니다. 더 이상 귀엽기만 한 후배가 아니라는 사실에 질투심이 불타올랐지요. 결국 저도 모르게 신경질을 부렸습니다.

반대로, 소심한 제가 상대방의 히스테리를 받아 내야만 했던 경우도 참 많습니다. 매사에 민감하게 반응하며 기죽어 지내던 저를 주변 사람들은 자기보다 아래라고 여겼을 테지요. 간혹 누군가 그런 저의 모습을 안쓰럽게 여겨 조금이라도 챙겨줄라치면, 순식간에 사람들은 저를 신경질적으로 대했습니다. 아마도 이런 마음이었을 겁니다.

'네가 뭔데 혼자서 특별 대우를 받는 거야?'

그런 히스테리를 어리석게도 저처럼 상대의 애정 어린 질타라고 믿어 한없이 진지하게 받아들이다 보면 더더욱 고초만 겪게 되지요.

하지만 **'이건 질투 히스테리야!'라고 인식한다면 상대의 공격을 가뿐히 무시할 수 있습니다.** 그러면 상대의 행패는 시들해지고, 마침내 나를 공격해 오는 일도 사라집니다.

질투는 그저 본능적인 히스테리임을 깨닫고 둔감해지세요. 상대의 부정적이고 공격적인 언행을 강물처럼 유유히 흘려보내게 되면서 인생이 편안해집니다.

부모도
아이를 질투한다

만약 당신이 타인의 말과 태도에 일희일비한다면, 어느새 그들에게 당신은 '자기보다 한 수 아래'라는 인식을 주게 됩니다. 그러면 자연스럽게 그들의 질투 히스테리에 쉽게 노출되지요.

혹시 당신은 남의 말과 행동에 과민하게 반응하는 자신의 기질이 언제부터 이어져 왔는지 짐작할 수 있나요? 저의 경우, 가만히 생각해 보면 이는 아주 어릴 때 이미 시작되었습니다. 그 어린 나이에 주변 사람들의 눈치를 하나하나 살펴 가면서,

무시했더니 살 만해졌다

사소한 일에도 노심초사하며 감정이 요동치던 기억이 뚜렷하거든요.

그리고 이는 그 또래 아이들이 가장 많은 시간을 보내는 곳, 바로 가정의 영향에서 비롯되었을 가능성이 상당합니다. 요컨대 저는 어린 시절부터 부모의 질투 히스테리를 겪어 왔다고 할 수 있습니다. **부모 또한 엄연한 동물적 본능을 지닌 존재이니, 질투 히스테리를 일으킨다고 해도 이상한 일은 아니니까요.**

가정교육이라는
합리화

———

어린 시절 집에서 장난감을 가지고 신나게 소리 지르며 놀고 있노라면, 어머니가 제게 성큼 다가와 찰싹 따귀를 때리곤 했습니다. 그때는 몰랐습니다. 어머니가 질투 히스테리를 일으킨 것임을 말이에요. 그저 어머니가 하시는 말씀을 곧이곧대로 받아들였습니다.

"시끄럽게 떠드는 아이는 주변에 민폐를 끼치는 나쁜 아이야. 그래선 안 되겠지? 네가 예의 바르게 크라고 엄마가 이렇게 혼내는 거다."

하지만 아무리 합당한 이유가 충분하다고 해도 꼭 그런 방식으로 훈육할 필요는 없었겠지요. 즉, 어머니는 사실 다른 이유 때문에 짜증이 솟구친 것입니다.

'내가 어렸을 땐 그렇게 소란 피우며 노는 건 상상도 못 했어. 그런데 나보다 약한 존재인 네가 즐겁게 떠들고 놀다니!'

자식을 위한 교육이 아니라 본능적인 질투 히스테리에 불과했던 것이지요.

어머니에 관한 일화를 하나 더 소개해 볼게요. 제가 유치원에 다니던 무렵이었습니다. 당시 저의 어머니는 육아에 상당히 지쳤던 모양입니다. 그래서 아버지가 저를 자신의 트럭에 태워 일터에 데려가서는 밤늦은 시간에 함께 돌아오는 일이 더러 있었습니다.

언젠가 아버지와 집으로 돌아오는 길에 제가 조수석에서 문에 기댄 채로 잠이 들었나 봅니다. 트럭이 집에 도착하자마자 어머니가 기다렸다는 듯 제 쪽의 문을 확 열어젖혔고, 이 바람에 그만 저는 머리부터 땅에 굴러떨어지고 말았습니다.

울음을 터트리는 저를 보고 헐레벌떡 차에서 뛰어내린 아버지는 어머니에게 대체 애한테 무슨 짓을 한 거냐고 소리쳤지요. 하지만 그런 순간에도 놀라는 기색 하나 없이 무표정하던 어머니의 얼굴이 아직도 제 눈앞에 생생합니다.

지금 생각해 보면 어머니는 다음과 같은 맥락에서 제게 질투 히스테리를 일으킨 것 아니었나 싶습니다.

'나보다 약한 네가 그렇게 눈물을 흘려서 남편의 동정을 사려 하다니⋯⋯!'

어리고 소심했던 저는 그저 스스로를 탓할 뿐이었어요. 옆에서 아버지가 운전하시는데 힘이 되어 드리기는커녕 잠이 들다니 부끄럽고 죄송할 따름이었습니다.

내가 어린 시절에 얻지 못했던 것을 나의 아이는 얻고 있다는 사실. 이는 분명히 부모에게 더없이 큰 기쁨을 안겨 줍니다. 하지만 그와 동시에 질투 히스테리를 야기하기도 합니다. '과거에 내가 누리지 못했던 걸 너는 누리다니 불공평하다'라는 생각을 숨길 수 없기 때문이지요.

이러한 질투 히스테리는 동물적인 반응이므로 스스로 제어할 수 없다고 앞서 말한 바 있습니다. **실제로 히스테리가 표**

출되기 시작하면, 자신의 분노를 다스리지 못한 채 난폭한 말과 행동을 멈추지 못합니다. 자녀에 대한 애정과는 별개로 말이지요.

그런데 무엇보다 끔찍한 사실은 이 같은 히스테리를 스스로가 합리화하는 데에 있습니다.

'뭐 어때서? 이게 다 우리 애가 잘되라고 그러는 거야.'

실은 지극히 본능적인 질투를 하고 있는 것임에도, **자신이 아이를 올바르게 키우기 위해서 제대로 교육하고 있다고 믿어 버립니다.**

히스테리가 촉발되면 그 사람의 뇌에는 전류가 과도하게 흐릅니다. 그리고 이때 기억을 상실하거나 왜곡하는 부작용이 생긴다고 해요. 따라서 지금 자신이 자녀를 위해 옳은 일을 하는 중이라고 철석같이 믿으면서, 그러한 확신하에 잔인한 횡포를 거리낌 없이 부리는 것입니다.

외모 콤플렉스에
시달리는 이유

"제가 너무 못생긴 것 같아서요……."

누가 봐도 아름답다고 할 만한 외모의 여성이 제게 이런 고민을 털어놓아 매우 놀란 적이 있습니다. 다른 사람들이 자신의 외모에 대해 내뱉는 말을 하염없이 곱씹다 보면 밤잠마저 설칠 지경이라고 하더군요.

차근차근 이야기를 들어 보자, 그녀는 어린 시절부터 어머니에게 못생겼다는 지적을 자주 받아 왔다고 했습니다.

그녀의 어머니는 살면서 화장을 해 본 적이 손에 꼽을 만큼 외모를 가꾸는 데에 관심이 없었고, 실제로도 평범한 외모의 소유자였습니다. 옷은 늘 시골 아낙네처럼 수수하게 입고 다녔지요. 그런데 자신의 딸아이가 자기보다 예쁘다고 주변 사람들에게 칭찬을 받으니 질투심을 느꼈을 것입니다. 결국 어머니는 딸에게 종종 질투 히스테리를 표출했습니다. "네 얼굴이 얼마나 보기 흉한지 알아?" 하는 식으로 아이의 외모를 호되게 깎아내렸던 겁니다.

그러면서도 스스로는 자신의 행동에 대해 이렇게 믿었을 것입니다.

'나중에 겉모습만 보고 접근하는 질 나쁜 남자들한테 휘둘리지 말라고 미리미리 일러두는 거야.'

'자기 외모에 취해서 오만해지면 안 돼. 그러니까 무조건 겸손하게 훈육해야 해.'

실상은 자신보다 예쁜 딸에게 참을 수 없는 질투를 느끼는 것에 불과한데 말이지요.

'부모가 자식에게 질투를 한다고? 말도 안 돼!'

어쩌면 당신은 이렇게 반박하고 싶을지도 모릅니다.

그러나 다시 한 번 말하자면 질투는 동물적인 감정 반응입니다. 기억하세요. 자기보다 한 수 아래의 인간이 자기보다 뛰어난 것을 갖고 있으면, 인간은 히스테리를 부릴 수밖에 없습니다. 저에게도 당신에게도 모두 해당되는 이야기지요.

부모의 질투 히스테리를 지속적으로 경험해야 했던 아이는 질투에 대한 민감도가 높아집니다. 그러면 집 밖에서도 상대의 질투 공격에 무방비로 노출되고, 여기에 예민하게 반응하면 할수록 사람들이 자신의 질투 히스테리를 쏟아붓는 먹잇감으로 전락하고 말지요.

부모의 질투는 가정교육의 탈을 쓰고 이루어지는 까닭에 현실적으로는 이를 알아채기가 어렵습니다. 따라서 이 같은 문제를 바로잡지 못한 채 아이가 지속적으로 부모의 질투를 받게되는 경우가 많아요. 이 과정에서 자녀는 '난 나쁜 아이야' 하는 식으로 스스로를 탓하고 자존감이 낮아져 가정 바깥의 환경에서도 남의 눈치만 보게 됩니다.

설령 이런 아이들이 학교에서 괴롭힘을 당하고 잔뜩 풀이 죽어서는 어렵사리 부모에게 하소연을 하더라도, 질투 히스테리가 습관이 된 부모는 다음과 같이 대구할 겁니다.

"네가 그럴 만한 짓을 했겠지!"

이는 '남들에게 괴롭힘을 당할 정도로 약한 존재가 그걸 빌미로 부모에게 동정을 구하려 한다'는 이유에서 부모가 질투 히스테리를 일으킨 것이라 할 수 있습니다.

그러한 부모는 파괴적인 인격으로 돌변해 아이의 영혼을 갉아먹는 말을 내뱉으면서도, 이 모든 것이 아이를 진심으로 위하는 참교육의 일환이라며 위험한 확신을 합니다. 스스로를 추호도 의심치 않는 부모 때문에 아이의 가슴에는 깊디깊은 상처가 새겨지고 맙니다.

나를 중심으로
생각하자

앞에서 살펴봤듯이 부모들이 "다 너를 위해서야"라는 말과 함께 자녀에게 보이는 언행은 질투 히스테리에서 비롯된 게 아닌지 한 번쯤 의심해 볼 필요가 있습니다. "너 잘되라고 그러는 거지", "잘못을 되풀이하지 않도록 교육하는 거다" 등의 이야기는 질투 히스테리를 쏟아 내는 것이 익숙한 이들의 단골 멘트니까요.

이런 말에 일일이 반응하거나 진지하게 귀 기울이다 보면 히스테리의 강도와 빈도만 높아지니 애초에 무시하는 것이 최

무시했더니 살 만해졌다

선입니다. '나를 위해서 그런 거라잖아……' 하는 생각에 마음이 흔들려 상대가 바라는 대로 맞춰 주는 것은 그의 질투 히스테리에 불을 붙이는 꼴로, 이후에도 지속적으로 휘둘리게 됩니다. 상대의 과도한 참견이 계속되고 이를 무시하기는 더욱더 힘겨워지는 상황이 반복되는 겁니다.

자신은 아니라는
착각

실은 여기에 흥미로운 힌트가 숨어 있지요. 부모가 '아이를 위해서'라든가 '아이를 제대로 지도하려고' 하고 생각하는 심리에는 질투 히스테리가 관여한다는 점, 이미 언급한 바 있습니다. 그런데 이 말인즉슨 **만약 당신이 누군가를 보며 '저 사람의 잘못을 바로잡아 주어야 해'라고 마음먹는다면, 당신은 무의식중에 이미 질투 히스테리를 표출하고 있는지도 모른다는 뜻입니다.**

저 역시 지난 기억을 돌아보면 그동안 남을 위한답시고 배려했던 마음이 어쩌면 부모의 질투 히스테리와 유사하다는 생각이 들었습니다. 스스로가 옳은 일을 하는 것이라며 나 홀로

착각에 빠져 있었을 뿐, 정작 질투 히스테리를 분출해 대며 상대를 괴롭히고 있었다니…….가슴이 철렁 내려앉으면서 등골이 오싹해졌습니다.

이처럼 타인의 말과 행동을 무시하지 못하는 까닭은 우선 다름 아닌 자기 자신의 질투 히스테리가 작동하기 때문일 수도 있습니다.

그동안 주변 사람들이 제게 질투 히스테리를 부리면 저는 스스로가 그것을 무시하지 못하는 탓에 수모를 겪는다고 여겨 왔습니다. 하지만 그토록 남을 무시하지 못하는 건 바로 내가 질투 히스테리를 표출했기 때문이었지요.

이런 관점에서 생각해 보면 누군가에게 주목하며 그 사람에 대해 신경을 쓴다는 것은 결국 둘 중 하나입니다. 상대가 나를 질투하거나, 혹은 내가 상대를 질투하거나.

상대가 나에게 질투 히스테리를 쏟아 낼 때 '이 사람, 대체 왜 이러지?' 하면서 그의 기분을 가늠하다 보면 상대의 히스테리가 더욱 심각해지는 결과를 초래합니다. 반대로 나는 내가 퍼붓는 질투 히스테리에 대해 상대를 위한다는 명분을 씌우지요. '어떻게든 이 사람의 잘못을 바로잡아야 하니까!'라 합리화 하면서요. 또 상대가 여기에 반응하면 나의 질투 히스테리는 더욱 강화되어 난폭한 인격으로 돌변해 버립니다. 상대가 잘되 기를 바라는 마음은 그렇듯 일그러진 방식으로 표출되고, 끝내 그의 인생은 물론 나의 인생마저 힘겹게 만듭니다.

어린 시절부터 저는 어른들께 "남의 기분을 살펴야 한다" 라는 말을 들으며 자랐습니다. 하지만 이제는 알고 있습니다. 자꾸만 남을 먼저 의식하는 것이야말로 그 사람과 나, 두 사람 의 인생을 모두 어렵게 하는 지름길임을 말이에요. 질투 히스 테리를 거두고 마음의 평화를 찾으려면 무엇보다 자신을 중심 에 놓아야 하는 이유가 바로 이것입니다.

한 귀로 듣고
한 귀로 흘리기

여기까지 생각이 미치자 비로소 복잡하게만 보이던 퍼즐 조각들이 하나씩 맞춰지는 기분이었습니다. 주변을 둘러보세 요. 남의 말과 행동을 가볍게 넘기고 행복하게 살아가는 사람 은 늘 자신을 중심에 놓고 생각합니다.

남의 기분을 부지런히 살피며 어떻게든 친절을 베풀면 행복해진다고 줄곧 믿었던 저는 언제나 남을 중심으로 모든 것을 생각하고 판단해 왔습니다. 하지만 그런 태도야말로 제 주변 사람들의 질투를 키우는 불씨였지요. 행복이 다가오지도 않았습니다.

　　나를 중심으로 생각하면 삶이 자유로워집니다. 물론 처음부터 쉽지는 않을 거예요. 간혹 주변 사람들이 신기하다는 듯 다가와서는 달라진 당신의 모습에 제동을 걸려고 할 때도 틀림없이 있을 것입니다. 하지만 흔들리지 마세요. 이는 그들이 질투를 한다는 증거니까요.

　　'난 지금도 괴롭게 하루하루 살아가는데. 너만 자유롭고 여유 넘치게 살다니 못 참겠어!'

　　그들은 이 같은 심산으로 질투 히스테리를 부리며 "너, 그렇게 자기중심적으로 생각하면 안 돼"라고 비난하는 것입니다. 실은 나의 편안함과 자유를 저지하려는 속셈으로 말이에요. 이런 말에 반응해 봤자 그들의 질투 히스테리만 강화됩니다. 그러니 한 귀로 듣고 다른 한 귀로 흘리면서 스스로에게 집중하세요. 그러다 보면 주변에서 몰려오던 질투 히스테리도 어느새 사라질 것입니다.

조금만 둔감해져서 남이 뭐라 하든 가볍게 넘길 수만 있다면 눈부신 자유를 만끽하게 될 것입니다. 한번 자유를 맛보면 이내 그러한 상태가 당연해지니 어느 순간부터는 담담하게 자유로움을 누리게 되지요. 그렇게 내가 좋아하는 일을 즐기다 보면 인생에서의 새로운 가능성도 하나둘씩 열립니다. **이 모든 것은 주변 사람들의 질투 히스테리에 더 이상 얽매이지 않기에 가능한 일입니다.**

끼리끼리
모인다

'그런데 남보다 나를 중심으로 살면 내 주변에 사람들이 없어지지 않을까?'

무심한 태도로 살아가면 외로워질까 봐 혹시 불안한가요? 물론 한동안은 외로울 수도 있습니다. 질투심에서 비롯된 히스테리를 부리는 사람들은 확실히 점차 사라질 테니까요. 하지만 이는 장기적으로 볼 때 나 자신을 위해선 오히려 긍정적인 변화입니다.

그리고 나를 중심에 놓는 과정에서 상당한 수의 인간관계가 정리되었다면, 실은 지금껏 내 곁에 질투 히스테리를 터트리는 부류가 그만큼 많았다는 의미입니다. 상심하지 말고 그저 상황을 받아들이면 됩니다.

'흔한 말로 유유상종이라고, 나도 어지간히 질투 히스테리를 부렸나 보다!'

이렇게 툭 털어 내고 다시 시작하면 충분합니다.

그러니 걱정하지 마세요. 나를 중심으로 생각하는 습관을 들이면 점차 나와 비슷한 사람들이 모입니다. 남이 아닌 자기 자신을 중요시하며 성공한 사람들이 말이에요.

각자 자신을 중심으로 하여 삶을 꾸려 가는 이들은 서로에게 긍정적인 자극을 주면서 더불어 행복한 인생을 즐깁니다. 따라서 머지않아 당신에게도 지금까지와는 전혀 다른 멋진 인생이 찾아올 거예요.

직장에서
고생을 자처하는 심리

나를 중심으로 생각하기 시작하면 나 이외의 것들에 둔감해지면서 인생이 편해집니다. 그런데 결연한 의지로 이를 실천해 나가려 해도 잘 안 되는 경우들이 있지요. 예를 들면 회사에서 자신도 모르는 사이에 원치 않았던 업무를 어느덧 떠맡게 된다거나, 겸손이 미덕이라는 생각에 매번 스스로를 낮추다가 인간관계까지 꼬여 버리는 등 남에게 중심을 빼앗기는 일이 생기곤 합니다.

모처럼 나를 중심에 놓고 자유로워질 기회를 잡았음에도

자꾸만 덫에 빠지는 이유는 과연 무엇일까요?

고통을 겪어야
분비되는 진통제

직장에서 힘겨운 업무나 필요 이상으로 많은 업무를 유난히 자주 떠안는 사람들을 관찰해 보면 비슷비슷한 행동 패턴을 보입니다. 이들은 과중한 스트레스에 시달리던 끝에 잘못된 판단을 자처합니다.

'이까짓 직장, 그냥 때려치우면 되지!'

'될 대로 되라!'

자포자기 심정으로 상황을 맞닥뜨리는 것입니다. 인간이 고통을 느끼면 우리 뇌에서는 고통을 덜어 주기 위해 이른바 마약과 유사한 기능의 물질을 분비합니다. 진통제와 같은 이 물질을 통해 고통에 대한 감각이 무뎌지면, 중요한 모든 것들을 내팽개치고 체념하게 되지요.

고통을 느끼고, 이것에 대응하고자 뇌에서 마약성 물질이 분비되는 일련의 과정. 이를 되풀이하다 보면 우리 몸은 점차 이 물질에 중독됩니다. **실은 원치 않는 일을 우리가 무의식적**

으로 해 버리는 것도, 그렇게 해서 고통을 느껴야만 뇌 내의 마약성 물질이 분비되기 때문이에요.

본인은 자각하지 못하지만 스스로를 망치는 선택을 자처한다는 것은 뇌 내의 이 물질을 원하고 있다는 증거입니다. 괴롭힘을 당하면서 쾌감을 느끼는 피학성 또한 마찬가지의 원리로 설명이 가능합니다.

'왜 나는 비굴한 성격을 버리지 못하는 걸까? 이 일들을 어쩌다 내가 떠안은 거지? 아, 괴로워!'

이런 답답함으로 고민하고 있다면 스스로 고통스러운 결과를 만들어 내고 있진 않은지 돌아보세요. 실패나 고통을 경험해야만 뇌에서 이러한 물질이 분비되기에, 번번이 불행의 수렁으로 몸을 내던지는 건 아닌지 말입니다.

뇌 내 마약의
금단 현상

고통을 즐기는 피학성은 어린 시절부터 지속적으로 질투 히스테리를 받는 과정에서 차츰 형성됩니다. 부모 또는 가까운 사람들이 가하는 매서운 공격을 잠재우기 위해 뇌에서 마약성 물질을 분비하고, 이 과정이 빈번해지면서 점점 그것에 중독되기 때문이지요.

감각을 마비시키는 이 마약성 물질의 분비가 중단되면 급격한 컨디션 난조를 겪거나 우울, 불안, 분노 등의 심리적 문제가 나타납니다. 만성 중독자들이 흔하게 경험하는 일종의 금단 현상인 셈입니다.

나를 중심으로 생각하며 살면 주위에 둔감해지고, 그러므로 주변의 질투 히스테리에서 벗어나게 됩니다. 단, 주목할 점이 있습니다. 나를 옥죄던 굴레에서 해방되었다 싶더라도 그로부터 1~2개월 후에는 금단 현상이 나타난다는 사실입니다.

매일같이 분비되던 뇌 내의 마약성 물질이 끊기다 보니 뇌가 관성적으로 그 물질을 원하게 됩니다. 그리고 이런 금단 현상은 평소와 다르게 걱정이나 불안이 가중되고 뜬금없이 실언을 내뱉는 등 불안정한 심리 상태로 드러나곤 합니다.

'아, 모르겠다! 뭐 어떻게 되겠지.'

조금만 더 뚝심 있게 밀어붙이면 목표를 달성할 수 있는 절호의 타이밍. 그런데 어이없게도 이 시점에서 긴장의 끈을 놓아 버린 채 단념하는 사람들이 있습니다. 지켜보는 이들로서는 도통 이해하기 어려운 행동이지요.

비슷한 경우로, 직장에서 일이 잘 풀리면 이상하게도 별안 간 감정 기복이 심해지고 초조해지면서 실수를 연발하는 사람 들도 존재합니다.

이 모두는 바로 뇌 내의 마약성 물질이 중단되면서 발생하 는 금단 현상 때문입니다. 혹시 당신 주변에도 이처럼 **고통을 자처하거나 실패만 반복하는 이가 있나요? 그렇다면 안타깝 게도 그는 어린 시절부터 주변의 질투 히스테리를 겪으며 피학 적 성향으로 자라나, 뇌 내의 마약성 물질에 중독되었을 가능 성이 높습니다.**

피학적 성향에서
벗어나려면

뇌 내의 마약성 물질은 우리로 하여금 고통에 뛰어들게 하 고, 결국 하는 일마다 실패를 불러옵니다. 하지만 이를 뒤집어 생각하면 어떤가요? 이 물질에서 벗어나기만 하면 더 이상의 실패는 없다는 의미가 됩니다.

하는 일이 술술 풀리고 있는데도 마냥 불안해하며 그릇된

방향으로 폭주하지는 않나요? 그런 자신의 모습을 발견하거든 '내가 지금 뇌의 마약성 물질을 원하고 있구나' 하는 식으로 차분히 인정하고 되뇌어 보세요. 이 사실을 깨닫기만 해도 당신은 실패에서 벗어날 수 있습니다.

이렇게 실패의 굴레에서 벗어나면 직장에서 성과를 올릴 기회가 많아지고 체내에서 성공 호르몬이 분비됩니다. 한번 성공 호르몬을 맛보면, 고통을 마비시키는 물질은 아무것도 아니라는 사실을 깨달을 겁니다. 그다음부터는 굳이 노력하지 않아도 자연스럽게 뇌 내 마약성 물질을 무시하게 되지요.

물론 지난날의 굴레를 단번에 탈피하기는 말처럼 쉽지 않은 일입니다. 2개월에 한 번 정도는 자신도 모르게 고통을 받아들이고 싶어질 수 있어요. 하지만 평균적으로 2년이 지나면 이러한 금단 현상은 씻은 듯이 사라집니다. 이 고비만 넘기면 됩니다. 그러면 당신은 고통이나 실패와는 거리가 먼, 나아가 주변에 둔감한 성향으로 거듭날 수 있습니다.

호구 캐릭터
탈출하기

뇌에서 분비되는 마약성 물질 때문에 일부러 실패를 자초하는 성향. 이를 인간관계에 적용해 보면 어떨까요? 늘 사람들에게 이용당하고 구박만 받는 '호구 캐릭터'가 여기에 해당되지 않을까 싶습니다.

언젠가 직장 상사로부터 보고서를 작성하는 방식이 서툴다거나 발음이 불분명하다며 공개적으로 주의를 받은 적이 있습니다. 얼굴이 화끈 달아올랐지만 겉으로는 적당히 웃으며 상황을 모면했지요.

하지만 퇴근 후 집으로 돌아오자 그 사건에서 도저히 벗어날 수가 없었습니다. '왜 나한테만 그런 타박을 하는 거야?', '하필 남들 다 있는 곳에서 망신을 주다니……, 어떻게 그래?' 등등 분노와 원망이 마구 뒤섞인 채 밤새도록 잠을 이루지 못했습니다.

'앞으로 또 그런 일이 생기면 똑같이 되갚아 주겠어!'라며 굳은 결심을 하기도 했습니다. 하지만 다음 날 출근하면 어김없이 상사의 핀잔을 받았고, 저는 애써 웃어넘기는 나날이 계속되었지요.

이럴 때마다 너무도 외롭고 비참한 기분에 사로잡혔습니다. 누구 하나 내 마음을 알아주거나 편을 들어 주기는커녕 저라는 사람이 괴롭힘을 당하는 걸 은근히 즐기는 성격이라고 오해하더군요.

관대함을 발휘해 보려는 심정으로 '그래, 이 한 몸 희생해서 회사 분위기 좋아지면 그걸로 됐지!'라고 생각했다가도, 돌아서면 울컥 화가 솟구치길 반복했습니다.

'왜 나만 희생해야 하냐고!'

어떻게든 호구 캐릭터에서 벗어나고 싶었지만 저로서는 불가능한 일이었습니다. 막상 언짢은 상황이 닥치면 비굴하게 웃음을 흘리며 입도 뻥끗 못 했으니까요. 도리어 그럴 때 내가 정색하면 화기애애한 분위기에 찬물만 뿌리는 격이라고 생각하면서 못난 자신을 합리화할 따름이었습니다.

싫다는 표현을
못 하는 이유

괴롭힘을 당하면서도 왜 싫다는 표현을 못 하는 것일까요? 놀랍게도 이 또한 고통을 마비시키는 뇌 내 마약성 물질과 연관이 있습니다.

'내가 그렇게 만만한가? 더 이상은 못 참아!'라며 화가 치밀면, 분노라는 정신적 고통을 마비시키기 위해 뇌에서 마약성 물질이 분비됩니다. 이는 직장인들이 퇴근 후 술로 스트레스를 푸는 경우와 비슷하지요.

부당하다고 느끼는 상황 앞에서는 꾹 참기만 하다가 집에 돌아와서야 울분을 터트리는 것도, "아, 정말 짜증 나!" 하면서 소리를 질러 대는 것도, 퇴근 후에 마시는 술처럼 뇌 내의 마약성 물질을 얻기 위함입니다. 즉, 일부러 불쾌한 일을 떠올려 고통을 마비시키려 하는 것이지요.

하지만 실제로는 화를 억제하는 기능까지 마비되는 탓에 솟아오른 분노는 좀처럼 가라앉지 않습니다. **겨우겨우 잠이 들지만, 뇌 내의 마약성 물질은 밤새 소진되므로 다음 날 아침에 눈을 뜨면 금단 현상이 일어나 극도로 불안하고 초조해집니다.** 술을 마신 경우에 빗대자면 속이 울렁거리고 머리가 깨질 듯이 아픈 숙취 상태라 할 수 있지요.

놀림감이 되고 싶지 않다는 마음이 가득하면서도, 정작 회사에서 괴롭힘을 당하는 순간에는 고통으로 인해 뇌에서 마약성 물질이 분비되면서 감각이 마비됩니다. 그 결과 '싫다'라는 표현을 제대로 하지 못한 채 그저 실실 웃거나 꿀 먹은 벙어리가 되는 것입니다.

이러한 모습을 본 동료들이 '저 친구는 스스로 저렇게 대우받는 걸 오히려 좀 즐기나 봐'라고 여긴다 해도 무리는 아닙니다. 실은 온전한 감각이 마비된 상태이기 때문에 그와 같은 반응을 보이는 것인데 말이지요.

무시했더니 살 만해졌다

화내지 않고도
상대를 차단하는 법

이처럼 호구 캐릭터가 되어 버리는 데는 또 하나의 이유가 있습니다. 바로 주변 사람들의 질투입니다.

질투 히스테리는 자기보다 못하다고 생각했던 누군가가 자신이 가지지 못한 무언가를 가질 때 촉발된다고 설명한 바 있습니다. 만약 직장인 A 씨가 평소 회사에서 업무상 지적을 자주 받았다면, 그는 동료들로부터 그들 자신보다 못한 존재라고 인식되겠지요. 그 결과, 동료들은 A 씨에게 쉽게 질투 히스테리를 부릴 확률이 높아집니다. 이를테면 그를 얕잡아 보는 건 물론이고 농담 반 진담 반으로 면박을 일삼기 십상입니다.

만약 다행히도 누군가가 나서서 "너무 심한 거 아냐? 적당히 하자고~"라며 A 씨에게 연민의 기색을 보였다고 가정해 봅시다. 이 괴로운 상황이 좀 정리될까요?

그렇지 않습니다. 도리어 정반대의 국면이 펼쳐지지요. 잘못한 것도 없는 A 씨는 동료들의 원망 섞인 눈초리를 받으며 괘씸하고 불쾌한 사람으로 낙인찍히고, 그들이 질투 히스테리를 퍼붓는 대상이 되고 맙니다.

히스테리로 인해 난폭하게 돌변한 그들은 상식에서 벗어난 폭언을 하고도 스스로에게 정당성을 부여합니다.

'저 친구가 잘되라고 한마디 해 준 거지! 워낙 어수룩하잖아. 회사의 팀워크를 위해선 다 필요한 거야.'

단순히 동물적 본능을 따랐을 뿐이건만 자기 자신을 소위 정의의 사도라 여기니 A 씨는 속수무책으로 당할 수밖에요.

호구 캐릭터에서 탈피하는 방법은 간단합니다.

우선 자신을 중심에 놓고 생각하세요. 그들이 내게 함부로 내뱉은 언행 뒤에 그럴싸하게 갖다 붙이는 말들, 가령 **"어디까지나 자네를 위해서야"**, **"다 같이 잘해 보자는 뜻으로 그런 거잖아"** 같은 발언은 모조리 질투로 인식하고 무시해 버리는 것입니다.

외면하려 애써 봐도 불쾌한 기억이 슬금슬금 다가오나요? 그렇다면 "난 지금 뇌에서 마약성 물질이 분비되길 바라는 거야"라고 소리 내어 말해 보세요. 부정적인 감정을 잊기 위해 술을 마시면 다음 날 숙취에 시달리듯, 뇌를 통해 마약성 물질을 분비해 봤자 이윽고 금단 현상에 시달린다는 것을 인식할 필요

무시했더니 살 만해졌다

가 있습니다. 이 사실을 알고 있으면 이런저런 고통스러운 생각으로 스스로를 괴롭히는 일이 줄어듭니다. 덕분에 다음 날 아침 가뿐하게 하루를 시작하겠지요.

이처럼 뇌에서 마약성 물질이 분비되지 않으면, 실제로 직장에서 괴롭힘 또는 놀림을 당하는 상황에 처했을 때 '불쾌하다', '싫다' 등의 거부 의사를 제대로 표현하게 됩니다. 정색하며 되받아치면 분위기는 일순간에 싸늘해질 테고, 사람들은 그제야 아차 싶은 생각에 멈칫하겠지요.

'저 친구, 더 이상 건드리면 곤란하겠어.'

늘 '가장 못난 존재'로 취급받던 위치에서 벗어나면, 약속이라도 한 듯 사람들의 질투 히스테리도 쏟아지지 않습니다. 이렇듯 고통에 대한 감각이 돌아오자 사사건건 분노를 표출하지 않아도 힘겨운 상황이 종료됩니다. 자연스럽게 드러나는 표정만으로 충분하지요. 신기한 일입니다.

동료들로부터 애꿎은 질투를 받지 않으면 실수가 줄어드니 업무 성과도 올라가고, 눈치 보지 않고 당당히 내 의견을 말하게 되어 인간관계도 편안해집니다. 남의 감정에 둔감해질수록 주변 사람들의 질투 히스테리가 사라지고 자유롭고 행복한 인

생이 펼쳐지지요. 고통을 느끼지 못하도록 감각을 마비시킬 필
요가 없어지니, 하루하루 더욱 나답게 살아갈 수 있습니다.

서핑을 하면 둔감해진다?

극도로 예민한 알레르기 체질이던 저는 꽃가루와 먼지에 특히 취약했습니다. 티끌만 한 먼지에도 연거푸 재채기를 하고 콧물이 줄줄 흐르기 일쑤였지요. 그런 탓에 길을 걷다가도 담배를 퍽퍽 피워 대거나 쓰레기를 함부로 버리는 사람을 보면 짜증과 걱정이 밀려왔습니다.

'간접흡연 때문에 내 기관지가 약해지면 어쩌란 거야?'

'저런 쓰레기 때문에 알레르기 증상이 심해진다고!'

그러다 중년에 접어들 무렵 한 친구의 권유로 서핑을 시작했습니다. 가뜩이나 체력도 꽝이고 운동 신경도 바닥인지라,

초반에는 파도에 오르기는 고사하고 걸핏하면 바다에 풍덩 빠져서 엄청난 양의 바닷물을 들이마셔야 했습니다.

그런데 서핑에 익숙해질 무렵 저에게 변화가 생기더군요. 전에는 거실에 머리카락 하나만 떨어져 있어도 오만상을 찡그리며 질색했는데, 언젠가부터 먼지가 뭉쳐서 굴러다녀도 태연하게 맨발로 지나다니게 된 것입니다.

거리에서 흡연하는 사람이라든가 쓰레기를 목격해도 그다지 신경 쓰이지 않았습니다. 예전 같았으면 살기 가득한 눈빛으로 쏘아봤을 테지만 이제는 별다른 감정이 생겨나지 않았지요.

제게 서핑을 권유했던 친구에게 이런 사실을 들려주었더니 놀라운 대답이 돌아왔습니다.

"나도 서핑을 시작한 뒤로 아토피가 싹 나았어."

그 말을 듣는 순간 인체의 '면역 기능'과 '무시하는 능력' 사이에 모종의 상관관계가 있지 않을까 싶었습니다.

기본적으로 인간의 신체에는 면역 기능이 갖춰져 있지요. 인체에 해로운 물질이 침입하면 이를 공격해서 우리 몸을 보호합니다. 그런데 이 기능에 문제가 생기면 정상 세포도 유해 물질로 인식해 마구 공격하기 시작합니다. 저의 경우 집 안 정리나 청소에 젬병이면서도 세균에 지나치게 신경 썼던 나머지, 남들은 대수롭지 않게 넘기는 꽃가루나 조그만 먼지조차 제 몸의 면역 체계에서는 해로운 물질로 받아들였습니다.

하지만 서핑을 배우면서 바닷물을 벌컥벌컥 마시게 되자 수많은 세균이 대량으로 유입되었고, 그 결과 저의 면역 체계가 사소한 세균에 대해서는 '에이, 이 정도야 뭐……' 하고 둔감해진 것이었습니다.

인체의 면역력은 뇌보다는 장의 통제를 더 많이 받는다고 합니다. 이런 면에서 보면 저는 장의 면역 기능이 전보다 둔감해진 셈인데, 그 덕분에 거리 흡연이나 쓰레기를 무시하게 되었으니 참 흥미롭지 않나요? 앞서 살펴본 뇌뿐만이 아니라 장 또한 우리가 삶에서 뭔가를 무시할 수 있는 능력과 연관이 있나 봅니다.

아무튼 저는 요즘 인생이 얼마나 편해졌는지 모릅니다. 서핑을 즐기면 즐길수록 잡다한 세균에 노출되다 보니 제 몸이 웬만한 이물질은 가볍게 무시하게 되었거든요.

제 3 장

—

듣기 싫은 그 말,
가볍게
넘겨 버리기

나의 사소한 행동이나 실수 하나에도

기다렸다는 듯 마구 지적하며 악담을 뱉는 사람.

혹시 그의 말에 분노하거나 자책하고 있나요?

담담하게 예사로 받아넘기는 연습을 해 보세요.

자신감과 의욕이 충만해지며 몸도 마음도 건강해집니다.

진지하게
받아들이지 않는다

"무슨 생각으로 일을 이따위로 처리하는 거야!"

언젠가 회사의 팀장에게 이처럼 호된 질책을 받은 적이 있습니다. 순간 머릿속이 하얘지면서 온몸이 얼음처럼 차갑게 굳어 버렸지요.

"새파란 신입이 이 프로젝트를 맡는 게 가당키나 해? 의욕이 넘쳐도 유분수지, 남들 다 제치고 초고속 승진이라도 하고 싶어서 그래? 약아빠진 놈 같으니라고!"

혐오 섞인 눈초리로 원색적인 비난을 퍼붓는 상사 앞에서 저는 그저 말문이 막힐 따름이었습니다.

공개적으로 모욕을 당하고 얼굴이 붉으락푸르락 달아오른 제게 동료가 다가와 "신경 쓰지 마. 팀장이 오늘 유난히 치통이 심한가 봐"라는 말을 넌지시 건네더군요. 하지만 그때는 나를 위로하려고 괜히 지어낸 말이려니 싶어 별반 마음에 와 닿지 않았습니다.

짜증의
진실

저는 팀장의 말을 흘려듣지 못한 채 '내가 잘못한 걸까?', '역시 난 구제 불능이야'라는 생각에서 좀체 빠져나올 수가 없었습니다. 그러다 결국 나 자신은 이 일을 수행할 자격이 없다는 생각을 하기에 이르렀지요. 솔직하게 이야기하자면 심리적으로 엄청난 타격을 받아 진지하게 이직을 고민할 정도였습니다.

그러던 어느 날, 팀장의 부인이 직장에 찾아왔는데 제게 슬쩍 이렇게 속삭이는 겁니다.

"다른 사람들한테는 비밀인데요, 오늘 아침에 우리 집 양반과 좀 다퉜지 뭐예요."

아니나 다를까 그날 회의 시간에 팀장은 눈에 띄게 까칠한 반응이었습니다. 언짢은 기색이 역력한 그의 태도에 안절부절못하던 부하 직원이 실수를 연발하자, 예상대로 팀장은 버럭 화를 내며 고함을 질러 댔습니다.

"어휴, 일 똑바로 안 해? 이게 최선이냐고! 도대체 넌 왜 그 모양이야?"

그제야 저는 답답한 가슴이 확 트이는 기분이었습니다. 상사가 집에서 있었던 일의 화풀이를 회사에서 하고 있다는 것을 알아차렸기 때문이지요. 그야말로 종로에서 뺨 맞고 한강에서 눈 흘기는 격이라는 걸 말입니다.

이날 저는 세상의 이치를 조금은 깨달은 것 같았습니다. 만약 팀장이 집에서 좋지 않은 기분으로 출근했다는 사실을 몰랐다면, 히스테리를 부리는 그의 모습을 보고 지난번처럼 내가 뭘 잘못했나 싶어 잔뜩 주눅이 들었을 테지요.

팀장의 부부 싸움은 꿈에도 알지 못했을 불쌍한 동료는 이 회의에서 겁에 질려 손까지 덜덜 떨었습니다. 상사의 말을 액면 그대로 받아들이고 상처 받던 저 자신이 겹쳐 보이는 순간이었습니다. 그렇다고 팀장의 부인이 했던 이야기를 차마 말할 수는 없어서 "팀장이 무슨 기분 나쁜 일이 있었나 봐. 너무 마음 쓰지 마" 하는 정도로 다독여 주었지요.

그는 제가 자신을 위로하고자 일부러 하는 얘기라고 생각하는 눈치였습니다. 불과 얼마 전의 제가 그랬듯 말입니다.

잘못이 없으면
반성할 이유도 없다

지금까지는 누군가가 저에게 화를 내면 순진하게도 '내가 잘못해서 화를 낸다'고 여기면서 그의 분노를 정면으로 받아들였습니다. 상대방이 부족한 나를 올바른 방향으로 이끌어 주려고 그러는 것이라 믿었기에 그 사람의 말에 맞춰 스스로를 바꾸려 노력했습니다. 그렇게 하지 않으면 냉정한 이 사회에서 도태되고 말 거라며 불안해했지요.

그런데 앞의 일화에서처럼 집에서 부부 싸움을 하고는 괜히 회사에서 사사건건 꼬투리를 잡는 팀장을 겪은 뒤로 생각이 크게 달라졌습니다.

게다가 팀장은 치통이 심해지면 신경이 날카로워지면서 매

무시했더니 살 만해졌다

사에 짜증을 부리는 사람이었습니다. 그가 분노하는 패턴을 파악한 후로는 그에게서 아무리 날 선 비난을 들어도 어깨 한번 으쓱하고 흘려버렸지요. 남의 말을 곱씹으며 스스로를 탓하는 일이 사라지니 업무에서도 인간관계에서도 보다 자신감이 생겼습니다.

상대의 분노를 진지하게 받아들이며 스스로를 반추하고 성찰할 때는 오히려 매번 실패를 거듭해서 꾸지람을 들었지만, 그의 분노를 무시한 뒤로는 자신감과 의욕이 충만해져 실수도 줄어들고 회사 일도 즐거워졌습니다.

그러니 부부 싸움이나 질병 등으로 심신이 예민해져 부정적인 감정을 마구 표출하는 상사에게 진지하게 반응해 봤자 무용지물입니다. 도리어 내 자존감만 낮아질 뿐이에요.

예컨대 "배 속에 돌덩어리가 있는 것 같은데요?"라는 의사의 말에 덜컥 겁을 집어먹고선 '악성 종양일지도 몰라. 얼른 떼어 내야 해!' 하는 생각으로 수술대 위에 누웠더니 정작 의사가 "어라? 열어 보니 깨끗하네요"라고 이야기하는 상황이랄까요. 별것 아닌 일에 끙끙 앓으며 나의 몸과 마음에 상처를 입히는 것은 무모하다 못해 어리석은 행동입니다.

상사가 하는 말을 곧이곧대로 믿으며 스스로를 탓하다 보면 불안, 초조, 고통과 같은 감정에 사로잡혀 자신감만 상실할 뿐입니다. 반면에 상대의 지적을 예사로 받아넘기면 마음이 편안해지는 것은 물론 몸도 건강해집니다.

함께 일했던 선배나 동료를 보며 깨달은 점이 있습니다. 남의 말을 적당히 무시할 줄 아는 사람이 일도 잘한다는 사실입니다. 남의 지적을 진지하게 받아들여 고치려고 애쓰는 사람이 성장할 거라고 생각하기 쉽지만, 현실은 오히려 그와 반대라고 할 수 있지요.

무시했더니 살 만해졌다

경청하는 척하며
흘려버린다

상대가 공격적 태도를 보일 때 '내가 뭔가 잘못했구나', '그 때 내 태도에 기분이 나빴나?' 하고 스스로를 돌아보면서 그 사람에게 인정받으려 노력하면, 상대는 나를 더더욱 함부로 대합니다.

비수 같은 말을 내뱉으면서도 그는 '저 사람을 위해 지적해주는 것'이라는 의식이 잠재되어 있습니다. **약자를 깔아뭉개야 직성이 풀리는 동물적 본능이 작동한 것에 불과하지만, 선한 의도에서 나온 행동이라고 의미를 부여합니다.**

따라서 그 사람의 말에 상처를 입거나 기가 죽는 등 나약한 모습을 드러내는 것은 그의 동물적 본능을 더욱 자극하는 셈이 되고, 그 사람의 공격은 날로 잔인해집니다.

때로는 연기가 필요하다

그러한 공격은 지극히 동물적인 본능이 작동해 나타난 것이니 의연하게 무시하면 그만입니다. 다만 상대는 자신의 본능적 반응을 선의에서 비롯된 행동이라고 믿어 의심치 않는다는 게 문제이지요. 그래서 이를 드러내 놓고 무시하면 그는 다음과 같은 생각으로 더 큰 분노에 휩싸입니다.

'감히 내 선의를 거부하다니!'

이에 대한 해결책은 간단합니다. **그 사람의 선의를 받아들이는 듯한 태도를 취하세요.** 앞서 언급한 저의 팀장의 경우 분노의 본질은 부부 싸움, 치통 등 전혀 다른 곳에 있었습니다. 그저 동물적인 본능으로 분노를 자신보다 약한 자에게 표출한 것이지요.

만약 진심으로 수용한다면 공격의 수위가 높아져 괴로움만 가중될 따름입니다. 그러므로 어디까지나 이는 본능이라고 여기고 그냥 무시해 버리면 될 일입니다.

여기서 중요한 점은 마음속으로는 무시하면서도 겉으로는 그의 선의를 받아들이는 척 연기를 하는 것입니다. 경청하는 태도를 보이되 가볍게 흘려버리는 것이지요. 이 방법을 사용하면 내 마음에 상처를 입지 않을 수 있고 상대의 공격성을 자극할 일도 없습니다.

그렇게 약자에서 벗어나 그의 분노에서 해방되면, 어느새 내가 마음먹은 대로 행동하게 되고 결국 강자로 거듭납니다. 궁극적으로는 두 사람의 관계가 역전되는 것이지요.

성가신 이웃을 대하는 방법

그럼 과연 어떻게 연기를 하면 될까요? 구체적인 예를 들어 살펴보겠습니다.

평소 당신이 성가시게 여기던 이웃이 당신의 집 초인종을 눌러 대는 상황을 상상해 봅시다.

"음식을 너무 많이 했는지, 남아서 좀 가져왔어요!"

만약 당신이 "괜찮으니까 그냥 돌아가세요" 하는 식으로 문전박대를 한다면 뒷감당이 힘들어지겠지요. 상대가 지금처럼 음식을 가져오는 일은 줄어들 테지만, 우연히 마주칠 때마다 그의 싸늘한 눈초리를 받게 되는 것도 상당히 신경 쓰이는 일입니다.

그러니 상식적인 사람이라면 이렇게 찾아온 이웃의 면전에 대고 "잔반 처리하려고 가져오신 거 아니에요?", "남은 음식 같은 건 필요 없는데요"라 말하지는 않지요.

그렇다면 어떻게 대응하는 것이 적절할까요? 일단 "번번이 감사해요" 하며 음식이 담긴 접시를 받습니다. 그다음은? **그 접시를 답례품과 함께 돌려주는 겁니다.**

음식을 갖다 준 이웃에게 답례품을 주면 "뭐 이런 걸……. 난 그냥 이웃사촌끼리 나눠 먹자는 뜻이었는데……" 하면서 짐짓 부담스러워 합니다. 즉, 내 쪽에서 명확히 선을 긋는 의도가 전해져 상대가 더 이상 음식을 갖다 주는 일이 없어지지요.

만약 이때 상대가 "아뇨, 접시만 주시면 돼요"라고 말한다고 해서 답례품은 거두고 정말 빈 접시만 돌려주면 어떻게 될까요? 십중팔구 그는 자질구레한 음식을 잔뜩 담아서 또 초인

종을 누릅니다. 정말로 '잔반 처리반'이 되는 건 시간문제예요.

한편, 받았던 것과 똑같은 수준의 음식을 그대로 담아 돌려주면 어떨까요? 이 경우에는 '나는 당신의 음식이 그리 달갑지 않았다'라는 메시지가 은연중에 전달될 수 있어 다음부터는 상대가 행동을 조심하게 됩니다.

답례품과 함께 돌려주는 것. 이 방법은 당신이 직장에서 누군가에게 비난 섞인 지적을 받았을 때에도 적용할 수 있습니다. 가령 상대가 당신을 지적하거든 그가 자기 집에 있던 과자를 회사에 조금 가져온 거라고 상상하며 고마운 듯 받아넘기세요. 그리고 타이밍을 지켜봤다가 접시를 답례품과 함께 돌려주듯 "여기 틀렸어요" 하는 식으로 지적을 그대로 돌려줍니다.

이렇듯 상대방의 선의를 감사히 받아들이는 연기를 한 뒤 적절한 순간에 정중히 되갚아 주면, 어느새 상대는 나를 신경 쓰게 되어 둘의 관계가 대등해집니다. 그러면 내가 하는 일도 자연히 순조롭게 풀릴 거예요. **불필요한 공격에 시간을 낭비하지 않으니까요.**

막무가내인 진상 고객

여기서부터는 주변 사람들이 가하는 공격을 유형별로 나누어 살펴보겠습니다.

제가 회사의 영업부에 몸담았던 시절 겪은 일입니다. 고객 응대 부서에서 제게 한 통의 전화를 걸어 왔습니다. 상품을 계약하려고 창구를 찾은 한 고객이 소란을 피우고 있는데, 감당이 안 되니 좀 와서 해결해 달라는 이야기였습니다. 창구 여직원이 기분 나쁘게 군다는 게 고객이 밝힌 이유로, 해당 직원이 연신 고개를 숙이며 사과해도 허사라고 말이지요. 그 직원은 하얗게 질린 채 울음을 터트렸고 보다 못한 상사가 사태를 수습하려 나섰지만, 고객의 분노는 하늘을 찌르는 상황이었습니다.

듣고 또
들어 주기

일촉즉발의 위기에서 직원들이 다급히 제게 도움을 청했고, 대략의 사정을 전해 듣고 현장에 도착한 저는 더 이상의 사과는 무의미하다고 생각했습니다. **고객이 퍼붓는 분노의 본질은 다른 지점에 있음을 알았으니까요.** 그래서 오로지 "그렇군요", "맞습니다" 하고 맞장구를 치면서 고객의 이야기를 인내심 있게 들어 주었습니다.

얼마나 지났을까요. 그녀가 조금씩 자신의 속마음을 털어 놓기 시작했습니다.

"아무도 내 이야길 진심으로 안 듣는다고! 들어 주는 척만하지 속으로는 모두 날 우습게 보고 있어. 어릴 적부터 그랬지. 엄마는 내 말을 듣지도 않고 무조건 부정만 했어."

그러다 갑자기 **"왜 다들 날 하찮게 여기는 거야!"** 하며 대성

통곡을 하는 것이었습니다. 이 시점에 저는 본래의 업무를 떠올리면서 조심스레 화제를 전환했지요.

"저런, 그러셨군요……. 그런데 고객님, 이 상품…… 계약하시겠습니까?"

넌지시 꺼낸 질문에 그녀는 눈물을 그렁거리며 놀랍게도 이렇게 대답했습니다.

"네. 제일 비싼 걸로 할게요!"

그달 영업 실적이 톱을 기록하겠구나 싶어 내심 마음이 두근거렸던 기억이 납니다. 물론 얼마 뒤 그 고객이 회사로 전화를 걸어 "사람을 무방비 상태로 만들어 놓고 큰돈을 쓰게 하면 어떡해요?"라고 항의하며 계약을 취소하자 실망이 이만저만이 아니었지만요.

그렇다고 해서 영업 실적을 높일 목적으로 거창한 수법 같은 걸 이용한 것은 아닙니다. 그저 고객이 스스로 마음을 털어놓을 때까지 듣고 또 들어 줬을 뿐이에요. 계약 해지는 속이 쓰리지만 그날의 사태를 원만하게 해결한 건 어쨌든 다행이라고 생각합니다.

무시했더니 살 만해졌다

분노의 원인은
다른 곳에 있다

앞서 말한 일화를 좀 더 자세히 살펴볼게요. 고객이 여직원에게 태도가 불량하다며 버럭 화를 냈을 때 직원은 내심 상대의 처사가 부당하다고 느꼈을 겁니다. 실제로 고객의 분노는 다른 이유에 있었으니 '불쾌한 일 있었던 걸 나한테 화풀이하네. 진상 고객 같으니라고!'라 생각해도 무리가 아니지요.

그런데 그 직원이 고객의 공격을 덤덤히 넘겼다면 상황은 원만하게 풀렸을 수도 있습니다. 하지만 그녀는 '대체 왜 저러는 거야!' 하고 불쾌함을 느끼면서도 한편으론 '내 태도에 정말 문제가 있었나?' 하며 불안해했을 거예요. 여기서 상대의 분노는 한층 증폭되었을 테지요.

분노의 원인은 다른 데 있는데 직원이 아무리 반성과 사과를 한들, 고객의 분노가 해소될 리는 만무합니다. 이렇듯 성심성의껏 대해도 상대의 공격이 잠잠해지지 않는다면 그가 분노하는 원인은 다른 데에 있을 가능성이 높습니다.

특히 그 사람의 이야기를 묵묵히 들어 주다 보면 그가 전혀 다른 지점에서 화가 나 있음을, 아울러 나의 잘못 때문이 아님을 깨닫게 됩니다. 그러면 **신기하게도 그 사람의 마음을 이해하게 되면서 신뢰 관계를 구축할 수 있지요.**

어느 심리 전문가가 다음과 같은 말을 한 바 있습니다.

"인간의 마음을 알기는 어렵다. 내 마음도 마찬가지다."

그렇습니다. 이를테면 어떤 가게에 갔다가 직원 때문에 기분이 상할 경우, 대개는 직원의 태도가 불친절해서 짜증이 났다고 생각합니다. 하지만 전후 사정을 찬찬히 짚어 보면 그것 때문이 아닐 때도 적지 않지요. 가게를 방문하기 직전에 친구와 말다툼을 했거나 상사에게 호된 꾸지람을 들은 것이 원인일 경우도 있습니다.

이처럼 우리는 남의 마음은 고사하고 자신의 마음조차 알지 못하고 살아갑니다.

앞의 사례에서 그 고객도 다르지 않았습니다. 자신은 본인의 마음을 알고 있다고 믿었지만 그건 착각에 불과했지요. 그러나 누군가가 자신의 이야기를 차근차근 들어 주는 사이, 스스로의 기분을 상하게 만든 본질적인 분노에 도달했습니다. 그리고 자신의 이야기를 들어 준 이에게 신뢰감을 갖게 되지요.

흥미로운 현상이 일어나는 것입니다.

우리 중 누구도 자기 마음을 제대로 알지 못한다는 사실을 기억할 필요가 있습니다. 그러면 상대가 분노를 드러내더라도 그의 표면적인 감정은 무시하고, 경청을 통해 진정한 이유를 발견할 수 있어요.

사사건건 지적하는 상사

하루는 직장 상사에게 보고서 좀 똑바로 작성하라는 질책을 받은 적이 있습니다. 저로서는 충분히 꼼꼼하게 하고 있다고 여겼기에 솔직히 짜증부터 났지요.

하지만 상사는 보고서에서 수정해야 할 사항을 조목조목 설명해 주었고, 제가 제출했던 보고서를 다시 확인해 보니 정말로 엉성한 점이 보이더군요. 진땀이 절로 났습니다.

본인은 제대로 한다고 생각해도 실수를 지적받는 경우가 종종 있습니다. 그럴 때마다 우선은 내가 질책을 받았다는 사실에 기분이 상해서인지 실수가 대수롭지 않게 보입니다. 욱하는 마음에 속에서는 불만이 마구 터져 나오지요.

'거참 깐깐하게 구네. 고작 이런 것까지 하나하나 지적하다니. 저 인간만 없으면 업무도 훨씬 더 잘될 텐데!'

만약 나의 상사가 대범하고 화통한 성격의 소유자였다면 스트레스 받을 일이 없어 업무상 실수도 확 줄어들 것만 같습니다. 이런 말을 입 밖에 냈다간 허구한 날 남 탓만 한다고 손가락질 받겠지만요.

상사는 당신을
질투한다

'저 사람만 없었으면 좋겠다!' 하는 생각이 잘못된 건 아닙니다. 별것도 아닌 일로 상사가 나를 귀찮게 군다는 기분이 드는 까닭은 실제로 그가 나에게 질투 히스테리를 일으켜서일 가능성이 크거든요. 상사가 진심으로 부하 직원을 생각하는 마음에서 주의를 준다면 상대는 반발심을 느끼지 않습니다.

그런데 내가 상사에게 질투를 받는다니 이상합니다. 상사가 부러워할 만큼 특출한 재능은 없는데 말이지요. 그러니 상사가 질투 히스테리를 일으키는 것이라고 누군가가 그 상황을 진단해 줘도 납득이 안 갈 수밖에 없습니다.

앞서 말했지만 질투 히스테리에는 '나보다 못한 사람이 나에게 없는 무언가를 가지고 있다'는 전제가 붙습니다. 이 경우에는 '부하 직원 = 상사보다 못한 존재'가 됩니다. 그런데 대부분의 부하 직원들은 상사보다 나이가 젊다는 점이 특징이에요. 즉, **젊음이야말로 나이 든 상사가 갖고 있지 못한 요소이며, 이 때문에 상사의 질투 히스테리가 수시로 촉발되는 것입니다.**

또는 자신의 부하 직원이 다른 동료들과 즐겁게 이야기꽃을 피우는 광경을 본 상사도 질투 히스테리를 부리기 쉽습니다. 당사자는 그저 가벼운 대화를 나눴을 뿐이지만 상사는 '나한테 없는 사교성을 갖고 있다니!' 하는 마음에서 질투를 느끼는 거예요.

그 결과 상사 자신은 이를 인지하지 못한 채 다음과 같이 생각합니다.

'엄연한 일터에서 농담 따먹기나 하고 있어? 내가 나서서 저 녀석의 태도를 고쳐 줘야겠군!'

그는 '어디, 걸리기만 해 봐라' 하고 바득바득 이를 갈며 부

무시했더니 살 만해졌다

하 직원의 일거수일투족을 주시하기 시작합니다. 꼬투리를 잡는 데 혈안이 되어 있으니 아주 사소한 실수도 금방 눈에 들어오지요.

마치 기다렸다는 듯 실수를 지적하며 온갖 악담을 퍼붓는 상사. 여기에 호되게 당한 부하 직원은 형편없는 낙오자가 된 듯한 자괴감에 빠지고 맙니다. 도대체 내가 왜 이런 수모를 겪어야 하나 싶어 상사에 대한 분노와 원망이 끓어오르면서도, '내가 일 처리만 제대로 했다면 이런 사달이 벌어지진 않았을 텐데……' 하며 스스로를 탓하는 안타까운 상황이 벌어지는 것이지요.

우리의 뇌는
모방의 귀재

이러한 현상에는 또 다른 비밀이 숨어 있습니다.

상황을 시간적으로 거슬러 올라가 봅시다. 내가 업무 실수를 하기에 앞서, 상사의 머릿속에서는 '저놈이 모두의 관심을 독차지하다니 참을 수 없어!' 하는 질투 히스테리가 촉발됩니다.

그런데 이 같은 질투 히스테리는 천둥 번개를 동반한 먹구

름이 전기를 가득 띠고 있는 상태와 아주 유사합니다. 학창 시절, 이튿날 제출할 리포트를 컴퓨터로 작성하고 있는데 난데없이 벼락이 떨어지는 바람에 밤새워 작성 중이던 내용이 몽땅 날아간 적이 있습니다. 이와 마찬가지로 상사의 뇌가 전기를 띠면서 부하 직원의 뇌에 전기를 쏘면, 그 충격으로 부하 직원의 뇌는 오류를 일으키거나 작동을 멈춰 버립니다. 벼락 맞은 컴퓨터처럼 말이에요.

부하 직원이 아니꼽고 못마땅해 짜증과 분노가 이글거리는 상사. 그의 뇌 속 전류가 나의 뇌에 전해지면 집중력과 의욕이 떨어져 일이 꼬여 버리는 것입니다.

인간의 뇌는 곁에 있는 사람의 뇌를 흉내 내는 특성이 있습니다. 일례로 긴장한 사람 옆에 있으면 덩달아 긴장하게 되는데, 바로 우리의 뇌가 긴장한 상대의 뇌를 흉내 내기 때문이지요. **상사가 나를 주시하며 질투 히스테리를 부리면 나의 뇌에는 과도한 전류가 흘러들고, 결국 평소 같으면 하지 않을 실수를 연발합니다.** 그러므로 '저 상사만 아니면 일을 더 잘할 텐데' 하는 생각은 일리 있는 이야기인 셈입니다.

이렇듯 우리는 단순히 상대의 적대적인 말과 태도로 인해

무시했더니 살 만해졌다

기분이 상하는 게 아닙니다. 질투 히스테리에서 비롯된 전기적 충격은 우리 마음에 상처를 주는 데에 그치지 않고 실재로 뇌의 기능마저 저하시키고 말지요.

질투의 충격을
되돌려 주자

————

그렇다면 질투 히스테리로 발생하는 전기적 충격을 무시하려면 어떻게 해야 할까요?

방법은 간단합니다. **상사의 지적에 불쾌해졌다면 '저 사람이 지금 나를 질투하고 있구나'라고 생각하세요.** 이 사실을 깨닫기만 해도 그의 말을 덤덤하게 흘려듣게 됩니다.

앞에서 인간의 뇌는 상대의 뇌를 그대로 흉내 내는 특징이 있다고 설명했습니다. 상사가 질투 히스테리를 일으켜 내게 전기적 충격을 보냈다면, 업무가 원활하게 풀리지 않는 건 상사가 나를 질투하기 때문이라고 생각하면서 그러한 전기적 충격을 고스란히 되돌려 주세요.

헤드폰이나 이어폰 중에 **노이즈 캔슬링**(noise cancelling) 기능을 장착한 제품들이 있습니다. 이는 잡음이 생겼을 때, 반대 음파를 발생시켜 상쇄 효과를 통해 잡음을 제거하는 기능이에요. 그와 똑같은 원리로, 상사에게 받은 전기적 충격을 내 쪽에서 그대로 되돌려 주면 서로가 보낸 충격이 덮이면서 결국 전기가 사라질 것입니다.

상사의 분노를 두고 '지금 나를 질투하고 있는 거야' 라고 생각하기만 해도 그의 분노가 잦아들고 나의 업무상 실수도 줄어든다니, 당장 시도해 볼 만한 방법 아닌가요?

상대 유형 ❸
대화가 없다며 불만인 아내

대화를 하다 보면 꼭 서로를 비난하며 감정의 골만 깊어지는 부부들이 꽤 많습니다. 이러면 안 된다고 생각하면서도 모진 말을 도저히 멈출 수가 없지요.

가령, 아내가 남편에게 아쉬움 섞인 불평을 합니다.

"당신, 왜 내 이야기를 귀담아듣지 않는 거야?"

그러자 남편이 버럭 소리를 지르며 이렇게 대꾸합니다.

"날마다 파김치가 돼서 집에 오는 가장을 챙겨 주지는 못할망정! 그만 좀 들들 볶아!"

아내도 이에 질세라 발끈하지요.

"뭐라고? 핑계 대지 마! 집안일은 나한테 죄다 떠넘기고 당신은 밖에서 맘대로 하고 다니잖아!"

화가 난 남편이 받아칩니다.

"당신이야말로 집에 들어앉아 속 편하게 놀면서 무슨 소리야? 내가 식구들 먹여 살리느라 뼈 빠지게 고생하는 거 안 보여? 당신이 돈 벌어 오든가!"

순간 '아뿔싸, 이런 얘기는 하지 말걸' 싶어 후회가 밀려오지만 이미 엎질러진 물. 아무리 부부 싸움은 칼로 물 베기라지만, 서로의 가슴에 비수를 꽂으며 언성을 높이다 보면 관계는 최악으로 치닫습니다. 실제로 가정이 깨지기도 하지요.

세심함이라는 능력

남편은 어렴풋이 느끼고 있습니다. 아내의 잔소리에 진심으로 반응할수록 그녀의 잔소리가 심해진다는 사실을요. 가뜩이나 피곤해 실랑이할 기력도 없는데, 아내가 대화라도 해 볼라치면 '휴, 또 시작이야?' 하는 마음에 내심 진저리를 칩니다.

무시했더니 살 만해졌다

진지하게 반응할수록 상대의 공격이 강화되는 건 맞습니다. 그런데 앞에서 우리 인간은 타인의 마음은 물론 자신의 마음조차 제대로 모른다고 설명한 바 있지요. **아내는 왠지 모를 불편함을 느끼지만 그 원인을 정확히 알지는 못합니다. '혹시 남편이 내가 하는 말을 건성으로 듣기 때문 아닌가?'라고 어림짐작할 뿐입니다.**

따라서 설령 남편이 아내의 이야기를 열심히 들어 준들 그녀의 불만은 좀처럼 해소되지 않습니다. 하지만 그렇다고 해서 건성으로 반응하거나 외면하면, 아내는 무시당하고 있다는 생각에 불만이 눈덩이처럼 불어날 테니 난감한 노릇이지요.

직장에서 받는 스트레스만으로도 진이 빠지는데 집에서까지 아내의 기분에 맞춰 줄 에너지가 남아 있지 않다는 것. 이게 남편의 솔직한 심정입니다. '애당초 나는 상대방 기분을 세심하게 헤아릴 줄 몰라', '그런 능력이 있었으면 회사에서 지금보다 훨씬 더 잘나갔겠지' 하는 생각마저 듭니다.

그런데 바로 여기에 중요한 힌트가 숨어 있습니다. 남편은 스스로에게 섬세함이 부족하다고 여기는 한편, **직장에선 섬세함과 다소 반대된다고 할 수 있는 성향인 진취성과 신속함을**

발휘해 업무를 처리합니다. 그렇게 능력을 소진하고 녹초가 되어 집에 돌아왔건만 아내가 자신에게 세심함을 발휘하라고 하니 여간 고역이 아니겠지요.

이런 면에서 볼 때 남편은 지금 두려운 것일지도 모릅니다. 아내의 말마따나 상대방의 이야기를 사려 깊게 들어 주면, 행여 직장에서 자신이 빛을 발하는 강점이 흔들릴 거라고 말이지요. 생각이 여기까지 미치면 자기 자신의 정체성이 위협당한다는 불안감에 발목 잡혀 더더욱 아내의 말이 거슬리게 됩니다.

능력 개발의
기회를 잡아라

하지만 남편이 이렇게 생각을 바꿔 보면 어떨까요? 진취성과 섬세함을 겸비한다면 직장에서도 보다 성공할 것이라고 말입니다.

아내의 이야기에 성심성의껏 귀 기울이면서 세심함을 습득하면 커뮤니케이션 능력이 향상될 테고, 그러면 회사에서도 포용력 있는 리더십을 발휘하며 성과를 올릴 확률이 높아지지 않을까요? 따라서 **아내의 잔소리를 '세심함이라는 능력의 공급**

원'으로 여기며 흔쾌히 들어 주는 것입니다. 그녀가 무슨 말을 하든 '나는 지금 섬세함의 능력치를 쌓는 중이야' 하면서 듣다 보면 왠지 아내의 이야기가 흥미롭게 들리기 시작합니다.

혹시 당신도 은연중에 '내가 갖고 있는 능력을 잘 지켜야 한다'는 생각에 둘러싸여 아내의 대화 시도를 단호히 거부해 왔다면, 이제는 가볍게 귀 기울여 보세요. 이런 과정 덕분에 나의 경쟁력이 더더욱 높아질 것이라고 긍정적으로 받아들이는 겁니다. 상대방의 불만도 누그러지고 나도 스트레스를 받지 않으니 그야말로 일석이조 아닐까요? 그렇게 되면 예전에는 집에서 손 하나 까딱할 힘도 없었건만 이제는 심신에 여유가 생겨, 간단한 취미라도 시작해 볼 마음이 듭니다.

이렇듯 아내의 이야기를 섬세함을 키우는 기회로 생각해 집중해 보세요. 특히 여성의 사고방식을 이해하게 되고 흥미도 생깁니다. 그러다 보면 자신도 모르는 사이에 섬세함이 발달해 **직장에서도 남들이 미처 생각지 못한 아이디어가 샘솟고 다양한 상황에서 센스를 발휘할 수 있지요.**

전에는 힘겹게 고군분투해 봤자 누구 하나 나를 인정해 주지 않았는지도 모릅니다. 하지만 아내의 이야기를 열심히 들어 주는 것만으로 주변 사람들이 나를 보는 시선이 달라질 수 있어요. 놀라운 일입니다.

불과 얼마 전에 자신의 이야기 좀 들어 달라고 하소연하던 아내를 보며 했던 생각, 즉 '나에게 상대방 기분을 섬세하게 헤아리는 능력이 있었으면 회사에서 훨씬 더 잘나갔겠지!' 하는 것이 어느새 현실이 되는 겁니다.

아내의 잔소리를 듣는 시간을 곧 나의 경쟁력을 업그레이드하는 시간으로 즐겁게 받아들여 보세요. 분명 당신의 가정은 물론 직장에서도 긍정적인 변화가 일어날 것입니다.

무시했더니 살 만해졌다

온갖 트집을 잡는 남편

귀가한 남편이 못마땅한 얼굴로 이것저것 집안 살림을 지적합니다.

"당신, 청소 좀 깔끔하게 할 수 없어?"

"아니, 냉장고에 유통기한 넘긴 음식은 또 왜 이렇게 많아?"

아내는 억울하고 황당한 기분입니다. 이어서 슬슬 분노가 차오르지요.

'애들 키우면서 살림까지 도맡아 하느라 하루가 어떻게 가는지를 모르는데. 내 입장은 단 한 번도 생각을 안 한다니까.'

속이 부글부글 끓어오르더니 결국 화가 폭발합니다.

"그러는 당신은 집에서 손 하나 까딱 않고 어지르기만 하잖아! 여기 좀 봐! 읽지도 않을 책만 잔뜩 사 와서 쓰레기장을 만드는 게 누군데?"

그러자 남편 역시 분노 지수가 상승해 독설을 퍼붓고, 상황은 점점 악화 일로를 걷게 되지요.

그의 말은
진심이 아니다

남편의 타박이 껄끄럽게 느껴진다면, 그가 아내인 당신을 질투하는 것은 아닌지 의심해 볼 필요가 있습니다.

이쯤에서 당신은 다음과 같이 반문할지도 모릅니다.

"남편이 나를 질투한다고? 부러워할 점이 하나도 없는데."

그러나 남의 떡이 커 보인다는 말이 있지요. 회사에서 불쾌한 사람들을 꾸역꾸역 상대해야 하는 자신과 달리 아내는 집에서 여유롭게 자유를 누린다고 생각해 질투 히스테리를 부리는 남편이 의외로 많습니다. 이 때문에 아내의 자유를 파괴하는 사람으로 돌변해 상대에게 인격 모독에 가까운 폭언을 하고 심한 경우 폭력을 저지르기도 하지요.

　　남편이 질투 히스테리로 인해 내뱉는 말과 행동을 진지하게 받아들여 봤자 허사입니다. 앞으로는 더 꼼꼼하게 신경 쓰겠다고 이야기하고 실제로 그렇게 노력한들 아무런 소용이 없다는 뜻이지요. 그다음에는 "당신은 씀씀이가 왜 이리 헤픈 거야?", "음식에 정성이라곤 찾아볼 수가 없어!" 하는 식으로 또 다른 지적을 해 댈 게 뻔합니다.

　　요컨대 남편이 시비를 걸어와도 진심으로 대응할 필요가 없다는 이야기입니다. 질투 히스테리를 일으킬 때 가장 아픈 곳을 후벼 파는 언행을 보이는 이유는 인격 자체가 변했기 때문입니다. 히스테리는 동물적 반응이니 자기 의지로 멈출 수도 없지요.

　　더욱이 심각한 점은 상대방의 말을 진지하게 받아들이면 질투 히스테리에 그야말로 '감전'되어 자신도 남편 못지않은 포악한 인격으로 돌변해 가시 돋친 말을 쏟아 낸다는 사실입니다. **이렇게 되면 서로를 깊이 사랑하던 부부라 해도 상대에게 정이 뚝 떨어지는 건 시간문제이지요.**

관계를
역전시킬 것

따라서 남편이 괜한 시비를 걸어올 때는 '나에게 질투하고 있구나'라고 생각하세요. 질투 히스테리로 인해 상식 밖의 언행을 보이게 되는 구조를 이해하면 남편의 말을 스스럼없이 무시하게 되고 상처 받는 일도 사라집니다.

'나는 바깥에서 그토록 고생을 하는데 넌 편하게 지내고 있잖아! 불공평해!'

남편은 어린아이처럼 짜증이 난 겁니다. 물론 아내가 집에서 편안하게 지낸다는 것은 사실이 아니지요. 다만 평소 스트레스가 뇌에 축적되면 별일 아닌 것에도 쉽게 질투 히스테리를 부리고 맙니다.

그렇다고 해서 "당신만 힘든 줄 알아? 나도 힘들어!" 하는 식으로 맞서면 곤란합니다. **힘들다는 사실을 호소하면 상대는 나를 약자로 인식해 그의 질투 히스테리가 더욱 강화되니까요.** 이것이야말로 관계를 망가뜨리는 지름길입니다.

잊지 마세요. 약자의 위치에서 벗어나야 상대의 질투 히스테리를 잠재울 수 있습니다.

제가 살고 있는 일본 사회는 안타깝게도 남존여비 사상이 여전히 뿌리 깊게 남아 있습니다. 남성이 여성을 무조건 약자로 인식하는 이유가 여기에 있지요. 게다가 '일하는 남편', '가정을 돌보는 아내'라는 관계에서는 남편이 아내를 약자로 인식할 확률이 더 높아서 질투 히스테리가 빈번히 발생합니다.

'질투 히스테리가 시작됐군.'

남편이 시비를 걸 때 아내가 이러한 상황을 인지하고 그를 안쓰러운 눈빛으로 바라보면 어떻게 될까요? 놀랍게도 두 사람의 관계가 역전됩니다. 즉, 아내가 강자가 되지요. 그리고 강자에게는 질투 히스테리가 촉발되지 않으니, 남편의 그런 모습은 금세 잦아듭니다.

아울러 남편이 질투 히스테리를 자주 일으킨다는 것은 그만큼 분노가 뇌 안에 켜켜이 쌓였다는 증거이기도 합니다. **그가 히스테리를 보일 때 '회사에서 스트레스를 많이 받나 보네' 하며 연민으로 대하면 입장이 뒤바뀝니다. 약자 위치에서 무방비 상태가 된 남편은 어느덧 자신의 고충을 부인에게 털어놓기 시작하지요.**

가정에서 벌어지는 정신적 폭력도 질투 히스테리에서 비롯

되는 경우가 많습니다. 남편의 불쾌한 언행이 히스테리임을 알아차리고 대응하면, 관계가 역전되어 남편은 분노를 멈추고 긴장감이 풀려서 속마음을 꺼내 놓습니다. 그의 이야기를 가만히 들어 주다 보면 부부 관계는 절로 돈독해질 테지요.

남편이 괜한 트집을 잡거든 '아무렴 어때' 하고 가볍게 넘겨 버리세요. 무시야말로 부부 관계를 원만히 유지하는 요령입니다.

칼럼 ❷

실패를 반복하는 자기 패배적 성격 장애

　　자기 패배적 성격 장애는 고통과 절망을 주는 상황을 스스로 택하며 패배주의적 성향을 보이는 성격적 장애를 가리킵니다. 성공할 길이 뻔히 보이는데도 일부러 실패하는 쪽을 선택해 화를 자초하지요.

　　이들의 특성을 간단히 살펴보자면 '순조롭게 일이 풀릴 때도 부정적인 방향으로 이끈다', '남이 싫어할 행동을 반복한다', '즐거운 일을 회피한다', '목표를 달성할 능력이 있음에도 번번이 기회를 포기한다', '호의를 베푸는 상대를 거부하고 자신에게 함부로 구는 사람에게 매달린다', '무리하게 자신을 희생하려 한다' 등으로 요약할 수 있습니다.

이러한 자기 패배적 성격 장애는 신경 정신과의 질병 진단 기준에서 삭제되었다가 최근 들어 다시 포함되었습니다. 실제로 우리 주변을 살펴보면, 불편한 상황을 그냥 넘어가지 못해 꼭 불행을 자초하는 사람이 제법 많지요.

대표적인 사례가 소위 '나쁜 남자'에게 푹 빠져 헤어 나오지 못하는 여성입니다. 주위 사람들이 만류해도 상대에게 질질 끌려다니다가 불행의 늪에 갇혀 버립니다. 친구들은 하나같이 이렇게 말하지요.

"왜 하필이면 그딴 놈을 만나는 거야? 널 소중하게 대해 줄 사람이 얼마나 많은데!"

그러니 얼른 헤어지라고 설득해 보지만 본인은 아랑곳없이 고난을 자처합니다.

실은 그녀도 알고 있습니다. 그 남자를 선택하면 자신이 불행해진다는 것을요. 부정적인 미래가 빤히 보이는 상황. 그럼에도 이를 무시하지 못한 채 스스로 불구덩이 속으로 걸어 들어가는 이유는 무엇일까요?

이는 누군가가 자신을 상냥하게 대하면 히스테리를 일으키는 유전자 때문입니다. 남들은 아무렇지 않게 받아들일 요인에도 과민 반응을 보이는 알레르기 환자처럼 말이에요.

어떤 사람이 자신에게 친절을 베풀면, 뇌에 과도한 양의 전류가 흐르면서 히스테리 버튼이 눌러지고 파괴적 인격으로 돌변합니다. 평소와 전혀 다른 인격체가 되면서 불행이 기다리고 있는 길을 선택하고 맙니다. 히스테리가 일어나면 통제 불능 상태가 되니까요.

더욱이 주변 사람들이 안타까워하며 자신에게 관심을 가져 주면 히스테리 버튼은 또다시 눌러져 불행을 더더욱 무시하지 못하는 악순환에 갇힙니다. 타인이 마음을 써 줄수록 당사자는 불행해지는 너무도 아이러니한 상황이 생기는 것이지요.

이 같은 자기 패배적 성격을 극복하려면 어떻게 해야 할까요?

가장 먼저 '나는 남이 내게 친절을 베풀어 주면 히스테리를 일으키는 사람'이라는 사실을 스스로가 인식하는 것입니다. 예컨대 늘 곁에서 나를 따뜻하게 챙겨 주는 어머니가 있다면 이렇게 생각하는 겁니다.

'엄마가 나를 걱정해 줄수록 난 불행을 택하게 돼.'

이 사실을 파악하고 있으면 불행으로 가는 길을 무시할 수 있습니다.

다른 경우로, 하는 일이 순조롭게 풀릴 때마다 매번 망쳐 버리거나 무산시키는 습관이 있다면 어떻게 해결해야 할까요?

가까운 사람들이 내게 "정말 잘하고 있구나!", "그렇게 무리해도 괜찮겠어?" 하면서 격려와 염려를 아끼지 않을 때마다 이렇게 되뇌면 됩니다.

'나는 사람들이 따뜻하게 대해 주면 히스테리를 일으켜. 그러니 조심하자.'

자신의 성향을 알고 있으면 이후에는 실패의 길을 선택하는 일이 줄어듭니다.

이는 연애를 할 때도 마찬가지입니다. 연인을 사귈 때마다 상대에게 무례한 발언을 해서 관계를 망가뜨리진 않나요? 그럴 경우 '애인이 다정하게 대해 주면 나는 히스테리를 일으킨다'라는 사실을 인식하고 있으면, 더 이상 모진 말을 입에 담지 않게 됩니다.

　스스로 깨닫기만 해도 문제가 해결된다니, 참 신기하지요? 히스테리는 나의 의지와 상관없이 발생합니다. 그러니 나에게 문제가 있어서 불행을 자초했다고 탓하지 마세요. 그동안 불행을 무시하지 못했던 것은 유전자에 내재된 히스테리 버튼 때문이지 내 잘못이 아니니까요. 이 사실을 알아차리면 당신의 마음은 평온해지고, 곧이어 행복도 찾아올 것입니다.

제 4 장

—

불쾌한 그 사람,
가뿐히
떼어 내기

유난히 나를 언짢게 하는 사람,

그래서 가급적 가까이하고 싶지 않은 사람이 있습니다.

굳이 너그럽게 포용하거나 이해하려 할 필요는 없어요.

몇 가지 요령만 알아 두면, 말 한마디만으로도

그를 내게서 멀리 떠나보낼 수 있습니다.

내 탓이
아니다

"긴히 할 얘기가 있어."

어느 날 중요한 이야기가 있다며 좀 보자는 직장 동료의 말에 저는 한창 바쁘게 진행하고 있던 업무를 접고 어렵사리 시간을 냈습니다.

그런데 상대는 잡담만 잔뜩 늘어놓는 게 아니겠어요. 한참을 듣고 있으려니 혹시 업무에 도움 될 만한 얘기일까 궁금해했던 스스로가 한심하게 느껴졌습니다. 가뜩이나 할 일도 태산인데 의미 없이 시간을 낭비했다는 생각에 짜증이 올라왔지요.

앞으로는 용건이 분명하지 않으면 저 사람과 따로 대화하지 않겠노라 다짐하기도 했습니다.

하지만 그런 일은 수차례 더 반복되었습니다. 이번엔 정말 중요한 이야기를 할지도 모른다는 생각에 마음이 약해져서는 시간을 빼서 그를 만나고 또 만났지요. 더 이상은 안 되겠다 싶을 무렵, '저 사람을 만나 봤자 시간 낭비다'라고 어렵게 결론 내리고는 그제야 거절하기 시작했습니다.

그런데 이처럼 시간 좀 내 달라는 요청에 응하지 않았더니 그가 노골적으로 저에게 적대감을 드러내기 시작했습니다. 당황스러웠지만 한편으로는 내가 너무 매정하게 굴었나 싶어 마음 한구석이 찜찜해졌습니다.

원인은 스트레스

실속 없는 대화에 질색하는 사람은 남의 이야기를 들을 때 '시시한 잡담만 늘어놓는 건 아니겠지' 하고 경계심을 품습니다. 본인은 내색하지 않는다지만 이같이 예민한 감정은 은연중에 드러나기 마련이지요.

무시했더니 살 만해졌다

그런데 상대가 하는 말에 내용이 없다는 건 과연 사실일까요? 어쩌면 그는 **말하고자 하는 내용을 자신의 언어로 제대로 표현하지 못하는 것일지도 모릅니다.** 명확하게 의견을 밝히지 못한 채 머뭇거리니 듣는 사람 입장에서는 '뭐야, 별 얘기 아니네'라고 생각하는 것이지요.

가령, 엄마와 함께 슈퍼마켓에 간 아이가 과자를 사고 싶어 하는데 이를 명료하게 표현하지 못하는 상황을 떠올려 봅시다.

"엄마……, 근데…… 있잖아요……."

아이는 자신도 모르게 우물쭈물하면서 대충 얼버무립니다. 그 이유를 찾는 건 어렵지 않지요. 과자를 사 달라고 했다가 행여나 매몰차게 거절당할까 봐 차마 입에서 말이 안 떨어지기 때문입니다.

용건이 있다고 해서 막상 자리를 만들면 두서없이 횡설수설하는 사람도 이런 경우가 아닐까요? 분명 중요한 내용인데도 상대방에게서 "휴, 고작 그런 얘기였어?", "이럴 시간 있으면 일이나 더 해!" 하는 식으로 핀잔을 들을까 봐 두려운 것일지도 몰라요.

그래서 긴장을 하다 보니 말문이 막혀 더듬거리고, 듣는 입장에서는 답답하고 짜증이 날 수밖에 없고요. 이렇게 상대의 불편한 심기가 전해질수록 그의 불안감은 더욱 증폭되고 말도 더 어눌해지는 악순환이 벌어집니다.

　적절한 언어로 그때그때 자신의 생각과 마음을 표현하지 않으면, 스트레스가 축적되어 우리 뇌에 전기가 발생합니다. 그 결과 기억을 주관하는 영역이 감전되어 어린 시절의 기억이 제멋대로 흘러나와 아이 같은 정신 상태가 되고 말지요.

　'쟤 미워!'와 같은 유아적 심리에 빠지면 '저 사람이랑 말 안 할 거야!' 하는 식의 태도를 취하게 됩니다. 다시 말해, **상대에게 매정한 취급을 받았기 때문에 그를 미워하는 것이 아니라 뇌에 축적된 스트레스가 히스테리를 일으키기 때문에 아이 수준의 정신 상태가 되는 것이지요.**

　만약 이때 '내가 너무 매정하게 굴었나 보다' 하는 마음에 그에게 다정하게 대해 주면 어떻게 될까요? 상대는 더욱 아이처럼 투정을 부리며 성가시게 굽니다. 반대로, 그에게 정색하며 화를 내면 어떻게 될까요? 다 큰 어른이 칭얼거리는 아이를 상대로 기 싸움을 벌이는 광경을 상상해 보세요. 무의미하고 한심하기 이를 데 없습니다.

혹시 당신 주변에도 꼭 해야 할 이야기가 있다며 불러 놓고는 횡설수설하거나 잡담만 늘어놓는 사람이 있나요? "바쁜 사람 앉혀 놓고 뭐 하는 거야?"라며 발끈하지 말고 "차근차근 말해 봐" 하면서 상대를 편안하게 만들어 주세요.

그의 말에 요점이 없다고 느껴진다면, 상대가 나의 눈치를 보느라 불안해진 나머지 어린아이의 정신 상태가 되어 언어 능력이 저하된 것일지도 모릅니다. 다그쳐 묻고 싶겠지만 인내심을 발휘해 차분하게 기다려 주세요. 상대의 뇌는 곧 상태를 회복해 꽤 조리 있게 내용을 전달할 겁니다.

잡담으로 치부했던 이야기가 사뭇 유용한 내용이었다면 더할 나위 없이 좋은 일일 것입니다. 팀워크 향상에도 긍정적인 영향을 줘서 뛰어난 실적도 올리게 될 테고요.

모른 척
내버려 둔다

상대방이 아이 같은 정신 상태가 되어 어리광을 부리기에 침착하게 그의 이야기에 귀 기울여 주었다고 해 봅시다. 그러나 별다른 효과가 없다면 이제는 어떻게 해야 할까요? 정반대로 단호하게 대처해 보세요. 세상이 그리 만만치 않다는 사실을 깨닫게 하는 것입니다.

특히 직장은 성숙한 어른의 세계이므로, 자신의 생각을 상대방에게 분명히 전달함으로써 본인이 받는 스트레스를 스스로 처리하는 태도가 절실히 필요합니다. 아이처럼 구는 행동은 어른의 세계에서는 용납되기 어렵지요. 자꾸 히스테리를 일으켜 어린아이처럼 투정만 하는 사람이 있다면 신경 쓰지 말고 무시하면 됩니다.

이미 여러 번 설명했듯 모름지기 히스테리란 상대가 그것에 주목해 줄수록 더 심해지는 법입니다. '저 사람, 또 어린애가 되어 버렸네' 하면서 모른 척 무심하게 두면 그의 히스테리는 절로 가라앉습니다.

자칫 마음이 약해져서 다독여 주면 상대의 증세는 악화되어 끝없이 시달리게 됩니다. **그러므로 철없는 아이 같은 사람은 그냥 내버려 두세요. 이것이야말로 가장 간단하고 확실한 무시법입니다.**

일일이 대응하면
나만 상처 받는다

제가 다녔던 회사에서는 시도 때도 없이 회식을 했습니다. 팀원끼리 함께 술잔을 기울이다 보면 평소에 이야기하지 못했던 속내를 털어놓게 되고 유대감도 돈독해진다는 게 그 이유였지요.

하지만 팀워크를 다진다는 거창한 명분을 내세우며 시작된 술자리는 예외 없이 싸늘한 분위기 속에 마무리되곤 했습니다. 누군가는 이성을 잃고 노발대발했고, 다른 누군가는 울음을 터트리며 신세타령을 늘어놓았으며, 또 누군가는 고장 난 레코

드처럼 이미 했던 말만 반복하는 등 그야말로 아수라장이 따로 없었습니다.

히스테리는
술주정과 같다

술만 들어가면 온갖 추태를 일삼는 사람이 있다면, 그는 과다한 알코올로 뇌 안에 전류가 폭주해 히스테리가 촉발되었기 때문일 확률이 높습니다.

평소 스트레스를 차곡차곡 쌓아 두다가 히스테리가 발생하면, 전류가 뇌의 '분노 스위치'를 자극해 감정을 조절하지 못하고 화를 폭발시키게 되지요. 전류가 뇌의 '울음 스위치'를 자극하면 뜬금없는 상황에서 오열하게 되고, '기억 스위치'를 자극하면 기억력이 마비되어 똑같은 말을 하고 또 합니다. 그나마 다행인 점은 이때 아무리 추한 모습을 보여도 주변 사람들이 '어지간히 술이 취한 모양이네' 하며 적당히 넘어가 준다는 사실이지요.

문제는 술을 마시지 않았는데도 뇌에 축적된 스트레스 때

무시했더니 살 만해졌다

문에 흡사 주사 부리듯 히스테리를 일으키는 경우입니다. 술자리에서 도를 넘은 행동을 하면 대부분 어느 정도는 흘려 넘기지만 맨정신에서 이런 행동을 보인다면 상대는 당황해서 이를 진지하게 받아들이고 맙니다.

누차 강조했지만, 히스테리를 부리는 사람에게 일일이 대응해 주다 보면 그의 공격이 한층 심해집니다. 어떻게든 도와줘야겠다는 마음에 섣불리 다가갔다간 화약고에 불을 붙이는 셈이 되는 것이지요. 불쾌한 존재에게 관심을 가져 주면 그는 더욱더 불쾌한 존재가 되어 나에게 들러붙습니다.

무시하면
건강해진다

어느 여성이 들려준 일화입니다. 자신이 모처럼 신경 써서 식사를 차렸더니 남편이 불만을 늘어놓더랍니다.

"아니, 된장국이 왜 이리 밍밍해? 당신은 음식 간을 제대로 보긴 하는 거야?"

남편의 말을 진지하게 받아들인 그녀는 다음과 같이 설명했습니다.

"아, 당신 혈압을 생각해서 일부러 간을 싱겁게 했어."

그러자 남편은 더욱 짜증을 부렸습니다.

"아예 맹탕이잖아! 이걸 어떻게 먹으라고!"

그녀는 치솟는 화를 꾹 억누르면서 나름대로 정성을 다해 요리했다고 대꾸했지요. 이에 질세라 남편은 "당신 요리 실력이 빵점인데 무슨!" 하고 비아냥댔습니다. 결국 화가 머리끝까지 뻗은 그녀는 버럭 소리를 질렀습니다.

"당신! 대체 뭐가 문제야? 내가 얼마나 노력하고 있는데 맨날 사사건건 트집이냐고!"

"트집? 도저히 당신이랑은 같이 못 살겠다!"

남편은 자리를 박차고 밖으로 나가 버렸지요.

스트레스로 뇌에 전기가 발생해 히스테리를 부리는 이에게 대응해 주면 상대는 더 뻔뻔한 태도로 나옵니다. 그의 태도를 또다시 곧이곧대로 받아들이면 나의 마음은 상처투성이가 되지요. 이렇게 **심리적으로 괴로우면 몸까지 시름시름 아프고 매사에 의욕을 잃어버립니다.** 혹시 무기력하고 나른한 상태가 지속된다면 그러한 사람에게 내가 너무 진지하게 대응하고 있는

무시했더니 살 만해졌다

건 아닌지 되돌아보세요.

누군가의 말과 행동이 성가시고 불쾌하게 느껴진다면 상대가 나에게 히스테리를 부리고 있을 가능성이 큽니다. 그는 술에 취해 인사불성인 상태와 유사하므로 무시하는 게 상책입니다. 그러면 상처를 받을 일도 없으니 심신이 편안해지고 상대의 공격도 잦아들지요.

앞선 예를 살펴볼까요? 요리에 불평을 늘어놓는 남편을 보며 아내가 '저 사람 지금 히스테리 부리는 중이네' 하고 대수롭지 않게 넘겨 버리면 그는 맥이 풀려 저절로 누그러집니다. 나중에는 "아니, 그렇다고 해서 맛이 형편없다는 얘긴 아니고……" 하며 스스로 상황을 수습하기도 합니다. 아내가 열심히 설명해 줄 때는 눈 하나 꿈쩍 안 하던 사람이 말이에요.

실제로 이 대응법은 상당한 효과가 있었습니다. 남편의 말과 행동에 하나하나 반응할수록 몸이 힘겹고 삶의 의욕도 상실했던 이 여인은 남편의 히스테리를 무시한 뒤로 아침이면 가뿐히 일어나며 건강도 되찾았다고 합니다.

오랫동안 만성 피로에 시달렸던 그녀는 자신의 생활 습관에 문제가 있는 것 같아 고민이 컸다고 해요. 하지만 비로소 건

강해지고 나니 그것이 원인이 아니었음을, 즉 스스로가 남편에게 일일이 대응했던 후유증이 몸으로 나타났던 것이었음을 깨달았습니다.

무시했더니 살 만해졌다

회식을 강권하는 상사

회사 생활은 충분히 보람 있고 만족스럽지만 이상하게도 상사의 회식 권유는 유독 불쾌하게 느껴지나요? 그렇다면 당신의 상사가 히스테리를 일으켰을 공산이 큽니다. '회식하자는 게 히스테리 부리는 거라고?' 하며 의아해할 수도 있지만 사람마다 히스테리의 계기나 빈도, 수위는 천차만별이니까요.

영 불쾌하게 느껴지는 상대가 있다면 평소 그는 쉽게 히스테리가 촉발되는 유형의 사람입니다. 하찮아 보이는 일에도 그렇게 반응해 버리니 주변을 불편하게 만들지요. 이런 사람에게 곧이곧대로 대응하다 보면 상황만 더 나빠집니다.

소통을 위해서라는
왜곡된 믿음

혹시 당신의 상사가 끈질길 정도로 회식을 강요하지는 않나요? 만약 그렇다면 그는 '부하 직원의 거절'을 계기로 히스테리를 일으키는 유형입니다. 히스테리를 초래하는 방아쇠는 사람마다 다르다고 했지요. 누구는 '저 사람이 날 미워하나?'라는 조바심이, 또 다른 누구는 '저 사람이 날 무시하나?' 하는 분노가 원인이 됩니다.

앞에서도 여러 번 언급했듯 히스테리는 뇌 안에 전류가 과다하게 흐르는 상태를 말합니다. 이렇게 되면 자신의 불안이나 분노를 다스릴 수 없어 상식에서 벗어난 말과 행동을 저질러 버리지요.

회식을 강요하는 상사의 경우, 히스테리 버튼이 눌러지면 파괴적 인격으로 돌변합니다. '나를 감히 거절해? 복수해 주마!' 하는 심리입니다. 그러면서도 자신이 그릇된 행동을 한다는 자각은 전혀 없습니다. **정상적인 인지가 불가능하니 사실이**

무시했더니 살 만해졌다

왜곡되어 스스로가 옳은 행동을 한다고 믿어 의심치 않지요. 그는 그럴듯한 명분을 내세웁니다.

'이게 다 팀원들의 사기를 높여 주려는 거야.'

'부하 직원들하고 자주 어울리고 허심탄회하게 소통하면 좋지, 뭘!'

이처럼 강한 확신이 있으니 직원들에게 회식을 하자며 밀어붙이는 데 거리낌이 없습니다. 하지만 이럴수록 그의 머릿속 명분과는 전혀 다른 현실이 펼쳐지지요. 직원들에게 그는 무조건 피하고 싶고 짜증 나는 '꼰대'로 전락하고 맙니다.

"퇴근하고 한잔 어때?"라는 상사의 권유에 부하 직원이 거절하는 경우를 상상해 봅시다.

"팀장님, 죄송해요. 제가 오늘은 개인 사정으로 참석이 어렵겠습니다."

이 말을 듣는 순간 상사는 심사가 꼬입니다.

'이것 봐라? 일보다 사생활이 우선이란 거지?'

말은 안 해도 상사의 불편한 심기는 고스란히 표정에 드러납니다. 이에 부하 직원은 덜컥 걱정에 휩싸이지요.

'앗, 내가 너무 경솔했나? 팀장 눈 밖에 나서 회사 생활이 힘들어지면 어떡하지?'

우려 섞인 생각이 꼬리를 물고 이어지면서 결국 그는 상사의 말을 무시하지 못하게 됩니다.

한편, 훨씬 더 일방적으로 회식을 강요하는 상사도 있지요.

"오늘 특별히 할 얘기도 있으니까, 퇴근 후에 다들 시간 비워 두도록!"

부하 직원들은 '왜 자기 멋대로 정해서 통보하는 거야?' 싶어 짜증이 나면서도 '거절했다간 저 성격에 본인을 무시했다며 길길이 날뛸 게 분명해' 하는 생각이 듭니다. 결국 마지못해 그를 따라나설 가능성이 높지요.

또 다른 예를 살펴볼게요. "자네, 저녁에 무슨 약속이라도 있나……?" 하며 넌지시 운을 떼는 상사. 함께 술 한잔 하자는 뜻으로 짐작한 부하가 조심스레 입을 엽니다.

"저, 이번 주에 계속 야근을 해서 오늘은 좀 일찍 들어가 쉬려고 합니다."

그러자 눈치 빠른 상사는 한껏 저자세를 취하면서 괜히 말을 흐립니다.

무시했더니 살 만해졌다

"음, 그래그래…… . 정 그렇다면 어쩔 수 없지…… ."

버림받은 고양이처럼 애처로운 그의 표정에 마음이 약해진 부하 직원은 이렇게 대꾸하고 맙니다.

"아, 아닙니다! 퇴근 후에 한잔하실까요?"

미소와 함께
거절하라

자꾸만 회식을 권하는 상사에게 짜증이 나나요? 그렇다면 상사는 지금 히스테리를 일으켜 당신을 불쾌하게 만드는 중인 겁니다. 파괴적 인격으로 돌변한 그를 진심으로 상대하면 '갑질'만 가중되지요.

거듭 이야기하지만 상사는 굳게 믿고 있습니다. 회식을 하면 결속력이 강해지고 업무 능력도 향상된다고 말이에요. 그러나 알다시피 그 이면에는 파괴적 인격이 숨어 있으므로 이를 있는 그대로 진지하게 받아들이면 나만 손해입니다.

물론 당신도 나름대로 노력하고 있을 것입니다. '앞으론 절대 말려들지 않겠어!' 하며 정신 똑바로 차리기로 마음먹지요. 하지만 다음에 상사가 또 그런 요구를 해 오면 슬그머니 마음이 약해지고 맙니다. 또다시 그 사람에게 휘둘리고는 '왜 또 그랬지? 난 대체 왜 이 모양일까……'라며 혼자 속을 끓이지요.

그러나 이는 당신의 잘못이 아닙니다. 상사의 뇌에서 발생한 전류에 당신의 뇌도 감전된 것뿐입니다. 히스테리를 일으키는 사람이 보내는 전기에 감전되면 머릿속이 하얘지면서 감각이 마비되므로 요령 있게 처신하기 힘들어집니다. 안절부절못하거나 필요 이상으로 경직된 반응을 보이는 것이지요. 결과적으로 상사의 분노를 부채질하는 꼴이 됩니다.

이럴 때는 차분하게 만면에 미소를 띠고 다음과 같이 간략히 말해 보세요.

"죄송하지만 오늘은 빠지겠습니다."

히스테리의 구조를 이해하면 상대의 말을 가뿐하게 무시할 수 있어요. 관심을 거두면 상사는 의외로 깔끔하게 물러나는 모습을 보입니다.

명심하세요. '내가 거절하면 저 사람이 자존심 상할지도 몰라' 하며 그의 요구에 응해 줄수록 원치 않는 회식에 끌려다니게 된다는 사실을요.

무시했더니 살 만해졌다

사생활을 캐묻는 회사 사람

"그래, 사귀는 사람은 있고?"

이곳은 엄연히 회사인데 사생활을 집요하게 물어 오는 여자 선배. 대답을 기다리며 빤히 쳐다보는 선배의 표정에 여성은 하는 수 없이 대답합니다.

"지금은 싱글이에요."

그러자 그가 되묻습니다.

"언제부터 싱글이었는데?"

직장 선배만 아니었어도 "적당히 좀 하시죠!" 하며 쌀쌀맞게 일갈하고 싶은 마음이 굴뚝같았습니다. 하지만 그러면 앞으로 관계가 힘들어질 가능성이 농후하지요. 그녀는 겨우 미소를 지으며 최대한 단답형으로 대꾸했습니다.

하지만 눈치도 예의도 없는 상대는 끈질기게 물고 늘어지기만 합니다.

"그럼 전 애인이랑은 왜 헤어진 거야? 두 사람 중 원인 제공자가 어느 쪽……?"

여성이 자기도 모르게 정색을 하자 상대는 "아~, 차마 말 못할 무슨 사정이 있었나 보네!"라면서 한층 더 흥미진진하다는 반응을 보입니다. 그녀는 이처럼 언짢은 질문 공세에 시달리느니 차라리 회사를 그만두고 싶다는 생각마저 들었습니다.

눈에는 눈, 이에는 이

직장 선배가 사생활을 꼬치꼬치 캐묻는다면 그 사람은 질투 히스테리를 일으킨 것일 확률이 큽니다. '나보다 젊고 귀여운 재한테만 모두가 관심을 보인다'는 이유로 이른바 분노의 화신으로 돌변한 것이지요. 이렇게 날마다 질투 히스테리를 부

무시했더니 살 만해졌다

리는 사람에게 취조에 가까운 질문 세례를 받다 보면, 누구든 참기 힘든 스트레스가 쌓이기 마련입니다.

그럼에도 불구하고 **히스테리를 쏟아 내는 선배는 스스로 이렇게 생각합니다.**

'저 친구는 회사에서 너무 경직되어 있어. 긴장 풀고 자기 능력을 마음껏 발휘하도록 도와주려는 거야.'

즉, 사생활을 공유하며 허물없이 지내면 친밀감이 형성되면서 업무 효율도 높아진다고 믿습니다. 실은 질투 히스테리로 횡포를 부리는 것에 불과하므로 정작 후배는 경계심만 더욱 커지고 불쾌한 기분에 사로잡히지만요.

주변에 이런 방식으로 당신을 괴롭히는 사람이 있나요? 그렇다면 '눈에는 눈, 이에는 이' 작전을 써 볼 것을 권합니다.

"사귀는 사람 있어?"라고 물으면 "지금은 없어요. 선배님은요?" 하는 식으로 내가 받은 질문을 그대로 상대에게 되돌려 주세요. 만약 그 사람이 결혼했다면 이렇게 받아치는 것도 강력할 겁니다.

"배우자 말고 따로 만나시는 분은 없나요?"

또 애인과 이별한 이유를 캐묻거든 "저는 장거리 연애를 하다가 결국 헤어졌어요. 선배는 무엇 때문에 헤어지신 거예요?" 하는 식으로 질문의 방향을 상대 쪽으로 돌려 보세요.

이처럼 상대방이 나에게 한 질문을 웃으면서 그대로 되돌려 주면, 이는 그에게 다음과 같은 메시지를 전하는 셈이 됩니다.

'어때? 당신이 지금 나한테 이렇게 하고 있다고!'

질투하는 자신의 적나라한 민낯을 마주하는 순간, 그의 질투 히스테리는 스르르 풀립니다. 이렇듯 요령만 알면 몇 마디 말만으로도 내 주변의 불쾌한 사람을 따돌릴 수 있습니다. 나의 에너지를 무의미하게 소모할 필요가 없지요.

그의 참견에 대처하는 법

제게 상담을 청한 어느 남성은 오지랖 넓은 동료 때문에 회사 생활이 피곤하다며 고충을 털어놓았습니다.

월요일 아침, 동료가 "주말 동안 뭐 했어?"라고 묻기에 별것 안 하고 그냥 쉬었다고 대답했더니 "뭐? 외출도 안 하고 집에만 내내 있었다고?" 하는 핀잔 섞인 질문이 돌아오는 식입니다. 그래서 이 남성은 사실 딱히 나가서 할 일도 없는 데다 경제적 여유도 넉넉하지 않다고 자신의 처지를 설명해야 했지요. 스스로 비참한 기분을 맛봐야 했습니다.

그러자 동료가 이번에는 이렇게 묻습니다.

"여유가 없어……? 저축 안 해?"

이에 남성은 "응, 지금은 전혀 하지 않는데……"라고 대꾸하다 보니, 자신이 너무 준비성 없이 안일하게 사는 건가 싶어 불현듯 조바심이 났습니다.

"그래, 아직 젊으니까 뭐……."

동료는 피식 웃으며 이렇게 말끝을 흐렸습니다. 남성은 이것이 마치 자신을 조롱하는 듯 들려서 내내 신경 쓰였고, 그날 온종일 일이 손에 잡히지 않았습니다.

이 경우 또한 동료가 질투 히스테리를 일으켰을 가능성이 농후합니다. 하지만 남성은 저의 이러한 분석에 상당히 의아해하더군요.

"동료가 저보다 일도 잘하고 외모도 번듯해서 인기가 많아요. 그 사람이 저를 질투할 이유가 없는데……."

바로 이 지점입니다. 업무가 서툴러 종종 상사에게 꾸지람을 듣던 남성을 주위 사람들이 측은지심으로 챙겨 주자, 동료는 그만 질투심에 사로잡힌 겁니다.

물론 이 남성 역시 타인의 동정 같은 건 받기 싫을 수 있지요. **하지만 이는 어디까지나 남들의 배려심에서 비롯되므로, 그 동료는 '왜 다들 저 녀석한테만 다정하게 대하는 거야?' 하면서 질투 히스테리를 일으키는 것입니다.**

무례하게 사생활을 캐물으면서도 정작 동료는 자신이 남성에게 힘이 되는 조언을 해 준다고 생각합니다. 만약 이때 "회사에서 사적인 질문은 자제해 줬으면 좋겠어"라며 딱 잘라 말하면 그의 히스테리 수위만 높아질 따름이지요. 하지만 그렇다고 해서 '그런 거 알아서 어쩌려고?' 하는 표정으로 아무런 대꾸도 하지 않으면 '본인 생각해서 물어봐 주는 건데 지금 날 무시하는 거야?'라며 원한을 품을지도 모를 일입니다.

과연 그 해결책은 무엇일까요? **이 남성의 경우, 의미심장한 표정을 지으며 동료에게 다음과 같이 말했습니다.**

"나한테 참 관심이 많네?"

"응? 아니, 내가 뭘 어쨌다고…….."

예상치 못한 반격에 동료는 뜨악한 표정으로 이렇게 얼버

무리며 냉큼 자리로 돌아갔다는군요.

시간이 좀 지나자 히스테리가 잠잠해진 그가 사과를 해 왔습니다.

"아깐 미안해. 생각해 보니 내가 괜한 참견을 했어."

이로써 동료의 신경을 긁는 질문 공세가 거짓말처럼 끝났음은 물론입니다. 상대의 성가신 언행을 천연덕스럽게 받아넘겼더니 회사 생활이 몰라보게 편해졌지요.

갑질을 남발하는 거래처

어떤 여성이 겪은 일입니다. 프리랜서로 홈페이지 제작 일을 하는 그녀에게 한 회사가 작업을 의뢰해 왔고, 평소 아주 꼼꼼한 성격의 그녀는 이 회사와 면밀한 협의를 거쳐 예산을 결정한 뒤 업무에 착수했습니다.

그런데 작업이 중반에 이른 무렵, 해당 회사의 담당자가 홈페이지 내에서 검색도 할 수 있게 기능을 추가해 달라며 느닷없이 무리한 요구를 해 왔습니다.

정해진 예산으로는 이를 반영하기 어렵다는 뜻을 전하자,

그렇다면 다른 업체에게 맡기겠다며 막무가내로 나왔지요. 여기에 설상가상으로 자신들이 요구한 조건을 수락하지 않으면 지금까지 그녀가 진행한 작업에 대한 비용은 한 푼도 지불할 수 없다며 엄포를 놓았습니다.

여성은 부당함을 견딜 수 없어 화가 치밀었지만 하는 수 없었지요. 회사 측의 요구 사항을 받아들이고 밤샘 작업을 마다하지 않으며 일을 해 나갔습니다.

그런데 그로부터 얼마의 시간이 지나자, 그들은 이번엔 왜 기한을 지키지 않느냐며 트집을 잡기 시작했습니다. 그녀는 '최대한 서둘러 보겠지만 추가로 요청받은 사항을 처리하느라 조금 늦어지는 건 어쩔 수 없다'고 합리적인 설명을 했지요. 하지만 상대는 추가 업무가 생겼으면 미리미리 일정을 조정해서 마감을 지켜야 하는 것 아니냐며 도리어 여성의 잘못으로 몰아갔습니다.

'적반하장도 유분수지 더 이상은 못 참아!'

홈페이지 완성을 코앞에 둔 상황. 그러나 켜켜이 쌓였던 분노가 폭발해 버린 그녀는 하던 일에서 그만 완전히 손을 떼고 말았습니다.

특별 대우를
해 주는 척한다

———

상대방의 갑질 역시 그가 히스테리를 일으킨 것이라 할 수 있습니다. 이를 깨닫지 못하고 곧이곧대로 대응하면 상황을 더욱 걷잡을 수 없게 만드는 격이 되지요.

상대는 '나를 특별하게 대우하지 않는다'는 이유로 히스테리가 촉발되는 사람입니다. 이런 부류는 자존감이 낮아서 남들이 보이는 흔한 태도에도 '저 사람이 지금 날 무시하는 건가?' 하는 생각에 사로잡혀 히스테리 버튼을 누르고 공격 태세에 돌입합니다.

여기에 진지하게 대응하면서 "다른 클라이언트들과 진행할 때도 똑같은 원칙을 적용하기 때문에……" 하는 식으로 그를 설득하려 들면 히스테리가 강화되어 더 기고만장하지요. 상대는 자제력을 잃은 상태이니 차근차근 열심히 설명해 봤자 나만 손해입니다. 상대방의 인식과 감각은 이미 왜곡되어 '나는 충분히 합리적인 요구를 하는 중이다'라고 믿고 있으니까요.

앞선 사례에서 히스테리의 구조를 이해한 여성은 그 후 비

무시했더니 살 만해졌다

숫한 상황이 발생하면 해당 업체의 담당자에게 다음과 같이 말했습니다.

"고객님께는 특별히 이 가격으로 추가 요청분을 작업해 드리겠습니다."

이와 함께 견적서를 슬며시 건넸지요. 실제로는 무엇 하나 빠뜨린 것 없이 모든 비용을 반영한 뒤 '특별 할인!'이라는 새빨간 글자만 곁들였을 따름이었습니다.

그러자 상대는 언제 그랬냐는 듯 히스테리가 누그러들었고, 군말 없이 추가분의 요금을 지불했습니다.

이처럼 상대방이 터무니없는 요구를 하면 침착하게 "알겠습니다. 통상 적용되는 가격에서 특별 할인된 가격으로 해 드릴게요"라고 이야기해 보세요. 놀랍게도 상대는 고분고분해져서 "아니, 그렇게까지 하실 필요는 없습니다" 하며 도리어 요구를 거둬들이는 경우도 있습니다.

히스테리를 일으키는 사람은 분명 한없이 불쾌한 존재로 변모합니다. 하지만 아주 간단한 방법으로도 그런 사람을 온순하게 만들고 공격에서 벗어날 수 있다는 사실을 기억하세요.

상대에게 이득임을
어필한다

또 다른 남성은 무턱대고 가격을 할인해 달라는 고객 때문에 심하게 마음고생을 했습니다.

충분히 고객의 사정을 고려해 비용을 책정했는데, 고객은 타 업체와 따로 연락을 주고받고는 이 남성에게 계속 억지를 부리는 것이었습니다.

"알아보니까 다른 회사는 훨씬 싼 가격에 해 줄 수 있다던데요? 여기서 하는 대신에 더 깎아 줘요!"

고객이 언급한 업체는 확연히 수준이 떨어지는 곳임에도 상대방은 '그런 건 내 알 바 아니다' 하는 태도로 일관했습니다.

이 고객은 자신이 손해 보는 느낌이 들면 히스테리를 일으키는 유형입니다. 진지한 자세로 가격이 차이가 나는 이유를 조목조목 설명한들 '어쨌든 내가 손해 보는 건 사실이잖아!'라는 생각으로 꿈쩍도 하지 않지요. 히스테리로 인지가 왜곡되니 가격과 품질의 상관관계가 마구 뒤엉켜 버립니다.

이 고객이 히스테리를 부리는 것임을 깨달은 남성은 그 후 가격을 다시 조정하는 자리에서 이런 표현을 의도적으로 연발

무시했더니 살 만해졌다

했습니다.

"이 부분은 고객님께 엄청난 이득입니다."

그러자 시큰둥하게 팔짱만 끼고 있던 고객의 표정이 한결 부드러워지면서 "그래요?" 하며 싱글벙글하는 게 아니겠어요.

이처럼 상대방의 히스테리가 발생하는 구조만 이해하면 그의 불쾌한 언행을 기꺼이 무시할 수 있습니다.

성희롱 발언을 일삼는 직장 선배

걸핏하면 성희롱 발언을 내뱉는 직장 선배 때문에 고민이 던 여성의 이야기를 살펴볼게요.

평소 그녀는 상체에 비해 통통한 하체가 콤플렉스였습니다. 그런데 남자 선배가 노골적으로 그녀의 하반신을 훑더니 태연한 표정으로 이렇게 말했지요.

"웬만하면 다리 좀 가리고 다니지 그래?"

순간 여성의 얼굴은 화끈 달아올랐고 수치심에 어쩔 줄 몰랐습니다. 그런데 그 선배는 얼어붙은 그녀의 표정을 보며 묘한 미소를 짓는 게 아니겠어요. **상대에게 상처를 주고 괴로워**

하는 모습을 지켜보면서 내심 우월감을 느끼는 것 같았습니다.

그뿐만이 아니었습니다. 이 여성이 사소한 실수라도 하면 잘 걸렸다는 듯 비웃으며 인신공격에 가까운 발언을 서슴지 않았지요.

"일에는 영 소질이 없어 보이는데. 회사 관두고 차라리 집에서 살림이나 하지?"

"아, 미안. 그러고 보니 결혼할 남자가 없겠네!"

그녀는 짜증과 분노를 넘어 기가 막힐 정도였지만 겉으로는 괜찮은 척 웃어넘길 수밖에 없었습니다. 그러나 이렇게 어물쩍 넘어갈수록 선배라는 그 남자는 저런 얘기를 반복했고, 사과는커녕 어깨 으쓱하며 "농담인 거 알지?"라는 한마디 말만 덧붙이기 일쑤였어요.

여성은 날이 갈수록 괴롭고 힘들어졌습니다. 하지만 어느새 일상이 되어 버린 그의 언행을 이제 와서 문제 삼았다간 '웃자고 한 농담에 죽자고 달려드는' 사람이라는 취급을 받을 것 같았지요. 그래서 입도 뻥끗 못 하고 속으로 끙끙 앓기만 했습니다. 나중에는 회사에 출근하는 것 자체가 극도로 싫어지는 지경에 이르렀습니다.

가장 단순한
질투 히스테리

직장 내 성희롱 및 갑질 또한 히스테리에서 비롯됩니다. 대개 이는 상대가 자신보다 약자라는 사실이 방아쇠가 되어 발생하지요.

특히 일본 사회에서 여성은 애초에 그 성별만으로도 약자로 인식되곤 합니다. 최근에는 조금 변화하는 추세이지만 여전히 시대착오적 사상이 남아 있는 탓입니다. 그런데 일단 이렇게 누군가가 약자로 자리매김하게 되면, 상대가 그 사람에게 히스테리를 부릴 확률이 높아집니다. 결코 해서는 안 될 말과 행동을 아무렇지도 않게 하는 것이지요.

앞의 사례에서 성희롱 발언을 일삼는 남자 선배의 경우도 마찬가지입니다. 해당 여성에게 질투 히스테리를 일으킨 겁니다. 스스로는 '선배로서 유쾌하게 챙겨 주는 거야'라고 여기겠지만 말입니다.

문제는 이때 뇌 속의 전기가 기억을 관장하는 부위를 자극하기 때문에, 선배인 당사자는 자신이 무슨 말을 했는지 기억조차 못 하거나 아예 다른 식으로 기억한다는 점입니다.

무시했더니 살 만해졌다

예를 들면 이 여성이 선배에게 문제를 제기한다고 해 봅시다.

"저더러 회사 관두고 집에서 살림이나 하라면서요?"

그러나 그는 처음 듣는 소리라는 듯 시치미를 떼지요.

"뭐? 난 그런 말 한 적 없는데. 집에서 살림하는 것도 보람 있는 일이라고 했지. 너무 예민하게 받아들인 거 아냐?"

히스테리로 인해 기억이 조작되면 자신이 한 말을 입맛에 맞게 왜곡합니다. 당하는 쪽은 분통이 터질 노릇이지요.

이처럼 약자라는 이유로 상대를 공격하는 것은 히스테리 중에서도 가장 본능에 충실한 히스테리라 할 수 있습니다. 따라서 이에 대한 대처 또한 본능적이고 단순해야 합니다.

공격을 당했을 때 주눅 들거나 발끈하면 상대는 나를 더욱 얕잡아 보고 공격의 수위를 높입니다. **바꿔서 생각하자면, 상대에게 자신을 강자로 인식시키면 그의 히스테리는 누그러진다는 이야기이지요. 그리고 이를 위해서는 '무시'가 가장 효과적입니다.**

난감한 표정으로 애써 미소 짓거나 아예 정색을 하는 등, 어떻게든 상대에게 이렇다 할 반응을 보이면 약자가 되고 맙니다. 그러나 **철저히 무시하면 상대는 속으로 '어라? 약자가 아니었네?'라 깨닫고 공격을 멈춥니다.**

이후 그 여성은 선배가 성희롱 발언을 내뱉으면 무반응으로 일관하다가 덤덤히 자리를 뜨곤 했습니다. 그러자 그는 슬금슬금 여성의 눈치를 보기 시작하더니 어느새 불쾌한 말을 멈추었다고 합니다.

성희롱하는
사람의 심리

또 다른 여성도 거래처 남직원의 성희롱 발언으로 괴로운 나날을 보냈습니다. 그는 틈만 나면 노골적으로 성적인 이야기를 화제에 올리고 여직원들의 몸매 지적을 하는 등 실로 불쾌하기 짝이 없는 사람이었지요. 여성이 찌푸린 표정으로 일절 대꾸하지 않았더니 상대는 오히려 시비를 걸어왔습니다.

"에이, 눈치 없이 왜 분위기를 깨는 거야?"

이 여성의 반응을 언짢아한 상대는 업무에도 비협조적으로 나오기 시작했습니다. 난감해진 그녀는 생각을 바꿔 이후부터는 그런 상황에서도 적당히 웃어넘겼지요. 하지만 흡사 물 만

무시했더니 살 만해졌다

난 고기처럼 그 거래처 직원은 성희롱 발언을 퍼부어 댔습니다. 스트레스가 극에 달한 여성은 한동안 슬럼프에 빠져 업무도 일상적인 생활도 제대로 할 수 없었습니다.

이런 유형은 성(性)을 방아쇠로 하여 히스테리를 일으킵니다. 이렇게 말하면 그 남자가 상대 여성을 성적 대상으로 인식한 것으로 해석하기 쉬운데, 그렇지 않습니다. 사실 그는 **스스로의 성적 능력에 자신감이 부족한 까닭에 히스테리가 촉발된 것입니다.** 성적 콤플렉스로 인해 과도하게 성에 집착하게 되었고, 그럴 때마다 히스테리를 부려서 이성을 괴롭히는 것이지요.

사례 속 여성은 지금껏 강한 남성성으로 자신만만한 남자들이 성희롱을 저지른다고 생각해 왔습니다. 하지만 히스테리를 이해하자 관점이 바뀌었지요. 음담패설을 늘어놓으며 낄낄대는 거래처 직원을 이렇게 바라보게 되었습니다.

'남자로서 자신감이 부족해서 저러는 거야.'

그가 아무리 지저분한 이야기를 해도, 그러거나 말거나 덤덤히 넘겨 버리게 되었지요. 질색하면 할수록 상대는 '남자의 체면을 세웠다!'라며 기세등등해져 발언의 수위를 높인다는 사실. 이를 깨닫자 그녀는 그동안 이어져 온 일들을 비로소 이해할 수 있었습니다. 그리고 무시를 반복하는 사이, 상대는 더 이상 그녀를 귀찮게 굴지 않았다고 합니다.

히스테리는 저마다 다양한 계기를 통해 발생합니다. 하지만 그 구조만 잘 파악하면 누구나 간단히 해결할 수 있지요.

무시했더니 살 만해졌다

상대 유형 ❺

집요하게 치근덕대는 직장 동료

어느 여성은 회사 술자리에서 남자 동료로부터 사귀자는 말을 듣게 되었습니다. 처음에는 술김에 한 실없는 말이겠거니 싶어 적당히 넘겼는데, 그날 이후 상대는 집요하리만치 데이트를 신청해 왔지요.

그 남성에게 조금의 호감도 느끼지 못했기에 난처했던 그녀는 딱 잘라 거절하면 앞으로의 관계가 껄끄러워지겠지 싶어 다음과 같이 에둘러 표현했습니다.

"요새 제가 너무 바빠서 연애할 여유가 없어요."

하지만 남성은 한 치도 물러나지 않을 기세였습니다.

"그럼 언제쯤 다시 데이트 신청하면 받아 줄 거예요?"

속으로는 '무슨 뜻인지 몰라? 당신이랑 사귀기 싫다는 거잖아!'라는 말이 목구멍까지 차올랐으나 간신히 참았다는 그녀. 아무리 눈치를 줘도 상대가 지치지도 않고 치근덕거리는 통에 이만저만 성가신 게 아니었습니다.

"정 그러면 다른 직원들도 불러서 다 같이 밥 한 끼 해요."

남자 동료의 끈질긴 데이트 신청에 시달리다 못한 그녀는 이렇게 제안했습니다. 그리고 며칠 뒤 여러 직원들이 한데 모였고, 왁자지껄한 술자리가 시작되었지요. 하지만 그가 미리 다른 사람들에게 언질을 주었던 것인지, 어느 순간 여성이 퍼뜩 정신을 차려 보니 그곳에 단둘이 남겨져 있었습니다. 뭔가 잘못되었다는 생각에 심장이 덜컥 내려앉았지요.

그녀는 답답한 마음에 친구에게 하소연해 봤지만 "네가 우유부단하게 여지를 주니까 그렇지" 하는 핀잔만 돌아올 뿐이었습니다. 가까운 주변 사람들 역시 그녀에게 더 따끔하게 거절하라고 조언했지요. 하지만 그랬다간 집착이 무시무시한 상대의 성격상 어떤 후폭풍이 들이닥칠지 몰라 두려웠습니다.

고민이 깊어지던 와중에 회사에는 두 사람이 교제 중이라는 소문이 퍼지고 말았습니다. 너무 억울하고 화가 난 그녀는 여기서 직장 생활을 계속해야 하나 싶어 엄청난 회의감이 들었다고 합니다.

그가 단념하지
않는 이유
———

앞의 남자 동료와 같은 유형은 상대의 거절을 계기로 히스테리를 일으키는 사람입니다. 이 말이 다소 의아하게 들릴 수도 있을 거예요. '호감 가는 상대에게 잘 보여도 모자랄 판에 난폭하게 행동한다고? 그럼 자기만 손해 아닌가?'라고 말이지요.

그러나 그 사람으로서는 어쩔 수가 없습니다. 히스테리로 인해 파괴적인 인격이 촉발되면 아무것도 보이지도 들리지도 않으니까요. 하지 말아야 할 언행을 마구 저질러 버립니다. **스토커처럼 굴어서 비호감으로 전락하는 자충수를 두는 경우 또한 히스테리로 인격이 바뀐 까닭에 가능한 일이지요.** 당사자는 '나는 저 사람을 좋아하는 마음을 표현할 뿐이야'라고 생각하겠지만 말입니다.

이렇게 히스테리가 촉발되면 그는 상대를 불쾌하게 만드는 말과 행동을 쏟아 내게 되고, 기분이 상한 상대는 당연히 교제 신청을 거절할 테지요. 그런데 이처럼 거절을 당할수록 그는 히스테리로 인해 불쾌한 언행을 그만둘 수가 없게 됩니다.

그 사람을 단념시키고자 "실은 마음에 둔 사람이 따로 있어 요", "사내 커플은 싫습니다" 하는 말을 한들 그의 히스테리를 잠재우지 못합니다. 어찌되었든 '거절당했다'는 사실 자체에 는 변함이 없으니까요.

그렇다면 '거절이 내포되지 않은 거절 방법'에는 과연 무엇 이 있을까요? 여기까지 이어진 저의 조언에 사례 속 여성은 곰 곰이 생각에 잠겼습니다.

거절 없이
거절하는 법

마침내 그녀는 오랫동안 추근대던 동료를 떼어 내는 데 성 공했습니다. 비결은 다음과 같았지요.

여전히 호시탐탐 이 여성과 마주칠 기회만 노리던 그는 어 쩌다 단둘이 있게 되면 노골적으로 교제를 강요했습니다. 그날

무시했더니 살 만해졌다

도 "나랑 사귑시다!"라면서 집요하게 다가왔지요. 이에 그녀는 사뭇 진지한 표정으로 이렇게 말했습니다.

"사람은 당신을 배신할 수 있지만, 돈은 결코 당신을 배신하지 않아요."

남자가 어리둥절한 표정으로 대꾸했습니다.

"무슨 말을 하는 거예요? 우리 사귀자니까?"

하지만 그녀는 표정 하나 변하지 않은 채 태연히 되받았지요.

"그러니까 돈은 당신을 배신하지 않는다고요."

남자가 무슨 말을 해도 그녀는 똑같은 말만 되풀이했습니다.

"대체 뭐라는 거야……."

이윽고 그 남성은 고개를 절레절레 흔들면서 돌아서 버렸지요. 이후에도 여성은 그가 접근해 올 때마다 이런 방식으로 대응했고, 그러자 어느 순간부터 그는 관심이 사라졌는지 더 이상 그녀를 귀찮게 굴지 않았습니다.

그로부터 시간이 얼마나 흘렀을까요. 남자는 이제 다른 여직원에게 추파를 던지고 있었습니다. '배신자 같으니!', 그의 손아귀에서 벗어나 홀가분해진 여성은 이 같은 농담 섞인 반응과 함께 웃어넘길 수 있었지요.

혹시 당신이 싫다는데도 끈질기게 접근해 오는 사람이 있나요? 능청맞게 '4차원 캐릭터'를 연기해 보세요. 질려 버린 상대가 스스로 나가떨어질 것입니다.

무시했더니 살 만해졌다

측은지심을 버리자

우리는 인간관계를 통해서 인생에 큰 전환점을 맞이하곤 합니다.

가령, 저의 경우 학창 시절에 존재감이라곤 전혀 없던 한 친구가 인기 많은 아이와 단짝이 되더니 덩달아 인기가 올라가는 것을 목격한 적이 있습니다. 그처럼 달라진 친구의 모습을 내심 부러워했던 기억이 뚜렷합니다. 내가 맺는 인간관계가 사람의 인생을 180도 바꿀 수도 있다는 사실을 이때 실감했지요.

또 다른 예로, 학교에서 우등생과 친해졌더니 하위권에서 맴돌던 성적이 쑥쑥 올라가기도 합니다. 이는 직장에서도 마찬가지이지요. 유능한 직원과 가까워지면 업무 효율이 올라가면서 일이 척척 풀립니다.

반면에 어디서든 자기보다 못한 사람과 가까워지는 경우도 있습니다. 부정적인 에너지를 내뿜거나 소위 구제 불능인 사람과 친해지는 것인데, 그러다 보면 자신의 삶 역시 시궁창에 빠지는 일이 태반입니다. 이렇게 악영향을 받고서도 정작 본인은 그를 감싸며 "아냐, 그 사람이 그렇게 한심한 인간은 아니라고!" 하며 발끈할지도 모르지만요.

나와 가까운 그 사람이 정말로 구제 불능이 아니라면, 주변에서 그를 비방해도 딱히 화가 나지 않습니다. 대수롭지 않다는 듯 흘려넘기게 되지요.

하지만 진심으로 화가 난다면 이는 무슨 뜻일까요? 그동안 '저 못난 인간을 내가 돌봐 줘야지'라는 마음으로 그 사람을 대했을 확률이 크다는 의미입니다. 자기보다 부족한 사람을 동물 길들이듯 만나 왔기에 서로 대등한 관계가 아니었던 것이지요. 이처럼 상하가 뚜렷한 인간관계에서는 윗사람이 아랫사람에게 발목을 잡히는 현상이 예외 없이 발생합니다. 문제 많은 사람을 가엾게 여겨 그와 엮이면, 자신의 삶 또한 불행의 굴레에 갇히는 것이지요.

불행이란 대체 무엇일까요? 아마도 본래의 모습으로 살아가지 못하는 상태를 가리키지 않나 싶습니다. 뻔히 불행이 보이는데도 그 길을 외면하지 못하고 걸어가는 사람은 항상 마음 한 구석에 이런 찜찜함을 안고 살아갑니다.

'나는 나답게 살고 있지 않아.'

그럼에도 좀처럼 상황을 바꾸지 못하는데, 이는 오랜 시간 자신의 인생을 지배해 온 뿌리 깊은 관성 때문입니다. 인간관계에서 자기보다 부족한 사람 또는 부정적인 에너지를 퍼뜨리는 사람을 번번이 무시하지 못하는 관성 말이지요.

지금의 인간관계를 전부 끊어 내면 문제가 해결될까요? 결코 그렇지 않습니다. 현재의 인간관계를 정리하더라도 그런 유형의 또 다른 누군가가 다가오면 똑같은 패턴을 반복하게 됩니다. 늘 나보다 못한 사람을 선택하는 습관이 문제니까요.

따져 보면 '낮은 자존감'과 '나보다 못한 사람을 선택하는 습관'은 하나로 이어져 있습니다. 은연중에 자기보다 못한 사람을 택하면 불행한 일이 벌어지고, 불행한 일이 벌어지면 결국 자존감이 낮아지며, 또다시 자신보다 못한 사람을 선택하지요.

대등한 인간관계를 맺지 못하며 늘 나보다 뒤처지는 사람만 가까이하는 성향. 이것이 한낱 습관에 불과하다는 사실을 깨달을 필요가 있습니다. 그러면 마음이 홀가분해지면서 나의 인생을 방해하는 그들을 무시하게 되거든요. 그와 같은 사람이 내게 다가왔을 때 딱하고 안쓰러운 마음이 든다면, 정신을 번쩍 차리고 '습관에서 벗어나자!'라고 결심하세요. 자칫하다간 그 사람에게 붙들려 불행한 삶을 살게 될지도 모르니 말입니다.

물론 습관을 바꾸기는 힘듭니다. 하지만 나의 인생에 나쁜 영향을 끼치는 사람을 한두 번 무시하기 시작하면, 점차 내게 좋은 영향을 주는 사람과 가까워지고 궁극적으로 인생도 달라집니다.

가족도 예외가 아닙니다. 측은지심 탓에, 혹은 가족이니까 내가 희생하며 돌봐 줘야 한다는 생각이 든다면 당장 머릿속에서 경고음을 울리고 거리를 두기 바랍니다. 나에게 부정적인 영향을 주는 가족을 무시하고 배울 점이 많은 사람과 가까이 지내세요. 곧 놀라운 변화가 생겨납니다. 바로 나의 가족도 변화한다는 사실입니다.

가족은 나와 누구보다 긴밀히 영향을 주고받는 사이이므로, 나만 달라진다면 내가 특별히 의식하지 않더라도 그들 또한 영향을 받습니다. 나를 그토록 힘겹게 하던 가족도 시간이 지나면 나를 닮아 이상적인 모습에 가까워지는 것이지요.

단지 가족이라는 이유로 당신이 그들을 챙기고 보살펴야 할 의무는 없습니다. 기억하세요. 불행을 외면하고 행복해지면, 당신을 불행의 늪으로 끌어들이려 했던 가족도 불행을 무시하고 행복해진다는 사실을 말입니다.

제 5 장

—

무시하는 기술,
살맛 나는
인생

무시하려고 노력하곤 있지만 아직 쉽지 않다고요?

하지만 어떤 기술이든 경험이 쌓이면 익숙해집니다.

어느 정도 습관으로 자리 잡았다면 너무 애쓰지 마세요.

당신 안에 내재된 무시의 기술에 자연스레 맡기는 것입니다.

곧 나다운 삶, 자유롭고 행복한 인생이 펼쳐질 거예요.

늘 애쓸
필요는 없다

　조그만 일에도 반응하다 보면 민감도가 점점 더 높아져 별 것 아닌 일에도 상처를 입고 맙니다. 상처를 쉽게 받을수록 외부 자극을 무시하기가 더욱 힘들어지는 악순환이 반복되지요.

　반면, 지금껏 예민하게 반응하던 일을 신경 쓰지 않으려고 노력하다 보면 어느새 둔감해진 자신을 발견할 수 있습니다. 자신도 모르는 사이에 무시하는 능력이 생긴 것이지요.

　어린 시절, 여름철만 되면 저는 피부에 습진이 생기곤 했습니다. 조금만 가려워도 참지 못하고 벅벅 긁어 댔더니 증상은 날로 악화되더군요. 가려움을 신경 쓰면 쓸수록 가려운 부위는 늘어만 갔습니다.

곧 여름방학이 시작되었고, 저는 친구들과 여기저기 신나게 놀러 다녔습니다. 그러다 문득 피부가 더 이상 가렵지 않다는 걸 깨달았지요. 노는 데 정신이 팔려 가렵거나 말거나 그냥 내버려 둔 사이, 울긋불긋하던 피부가 씻은 듯이 깨끗해지고 가려움도 사라진 것이었습니다.

우리가 매사에 필요 이상으로 예민하게 반응하는 것 또한 이와 비슷한 이치를 통해 극복할 수 있지 않을까요?

실패까지
무시하라

이때 중요한 점은 자신도 모르는 사이에 저절로 무시하는 것입니다. '그만, 그만! 신경 쓰지 말자', '잊어버려야 해. 자꾸 곱씹으면 불쾌한 일만 더 생긴다니까!'라며 의식을 할수록 몸과 마음은 피로해지고 결국 역효과를 불러일으킵니다.

혹시 타인이 무심결에 내뱉은 말 한마디를 어떻게 무시해야 할지 고민하고 있나요? 머릿속으로 '반응하면 안 돼'라며

무시했더니 살 만해졌다

억지로 잊어버리려 해도, 이것이 좀처럼 내 생각대로 되지 않으면 누구나 조바심이 납니다. 열심히 마음을 다스리면서 애써 노력을 이어 가다가도 어쩌다 한번 사소한 일에 반응해 버리면 '휴, 난 왜 이런 거야'라며 자괴감에 빠져 예전의 상태로 돌아가 버리기도 하지요.

이런 현상은 자신의 실패를 무시하지 못하기 때문에 일어 납니다. 이토록 노력하고 있는데 어째서 무시가 안 되는가 하는 생각에 빠져 더욱 무시하기가 힘들어진다는 이야기이지요.

의식적으로 무시하는 일에 지쳤다면 '자동 운전'에 맡겨 보는 게 어떨까요?

자전거 타는 법을 익히는 경우를 예로 들어 설명해 보겠습니다. 처음 배우기 시작할 무렵에는 '똑바로 가야 한다'를 의식하며 달리는 것이 당연합니다. 하지만 시간이 지나 일정한 수준의 경험치가 쌓였을 때도 이런 생각을 갖고 있다면 어떨까요? 똑바로 가려고 의식을 하면 할수록 자전거 핸들에 과하게 힘이 들어가기 때문에 도리어 삐뚤빼뚤 나아갑니다.

자전거를 타는 것에 노련해지면 어느 순간부터는 자전거에 몸을 맡기는 감각이 생깁니다. 그러면 의식하지 않아도 바람을 가르며 질주하는 쾌감을 느낄 수 있지요.

이 책에서 소개하고 있는 무시의 기술도 마찬가지입니다. **불쾌한 일을 가볍게 무시하는 경험이 쌓이다 보면 차츰 익숙해지게 마련입니다.** 이것이 어느 정도 습관으로 자리 잡은 것 같다면 몸에 밴 기술에 맡겨 보세요. 노력하지 않아도 저절로 무시하는 상태가 될 겁니다.

'머리로 노력하지 않아도 몸이 저절로 무시한다', 이러한 성취감이 축적될수록 무시하는 기술은 눈부시게 성장합니다. 일단 그 궤도에 오르면 이 기술을 발휘하려고 애쓰지 않아도 됩니다. 내 몸이 알아서 정확하게 핸들을 바꾸면서 나를 행복의 길로 이끌어 줄 테니까요.

지금도 충분히
잘하고 있다
────

우리 인간은 누구나 무시하는 기술을 지니고 있습니다. 당신이 이 책을 손에 넣기 전까지의 과정을 돌이켜 보세요. 서점으로 향하는 길을 걸으며 당신은 수많은 것들을 외면했을 것입니다. 이를 떠올리면 새삼 놀랄지도 모르지요. 눈에 보이는 것

무시했더니 살 만해졌다

하나하나에 전부 반응했다면 뇌에 과부하가 걸려 서점까지 가지도 못했을 겁니다.

'저 간판은 글자가 이상하군', '저쪽에 서 있는 사람이 날 쳐다보는 것 같아' 하는 식으로 일일이 짚고 넘어가다 보면 일상생활을 제대로 하기조차 힘들 것입니다. 누군가와 함께 걷다가 상대방이 "저 간판 좀 봐. 글자가 이상하지 않아?"라고 건넨 물음에 "그래? 난 전혀 몰랐네" 하고 대답할 수 있다면, 이는 당신의 무시 기술이 제대로 작동한다는 증거입니다.

따지고 보면, 살면서 우리의 신경을 건드리는 요소는 넘쳐납니다. 하지만 우리가 나도 모르게 갖고 있는 무시의 기술 덕분에 스트레스로부터 스스로를 보호하지요. 마치 늘 우리를 둘러싸고 있는 공기의 존재를 평소 잘 알아차리지 못하듯, 무시의 기술을 너무나 일상적으로 사용하는지라 미처 그 고마움을 실감하진 못하지만 말입니다.

단점만 지적받으며 자란 아이는 결코 장점을 키워 나가지 못합니다. 그래서 '오늘도 실패하고 말았다!' 하며 스스로를 탓하기보다는 '오늘은 멋지게 성공했다!'라는 생각을 갖는 것이 정말 중요합니다. **아주 사소한 것이라도 자신이 무시하는 데**

성공한 일을 찾아 스스로를 격려한다면, 당신의 무시 기술은 일취월장할 것입니다.

불쾌한 일을 외면하려고 애쓰는 동안 몸과 마음이 지쳤나요? 당신 안에 내재되어 있는 무시 기술에 맡겨 보세요. 그리고 작은 성공이라도 경험한다면, 즉 예전에는 지나치지 못하고 휘둘리던 일을 이번엔 무시해 냈다면, 아낌없이 스스로를 칭찬해 주세요.

그러면 자신도 알아차리지 못하는 사이에 무시의 기술이 업그레이드되고, 의식하지 않아도 외면할 수 있는 경지에 도달합니다. 나중에는 무시가 너무나 자연스러워 무덤덤해지기까지 하지요. 원래부터 그랬던 것처럼 말입니다.

이렇게 무시의 기술이 불편한 상황을 알아서 외면해 주기만 한다면, 무겁던 마음의 부담이 줄면서 내가 원하는 일에 한껏 에너지를 쏟을 수 있습니다. 무시하는 기술이 당신 대신 마음껏 그 실력을 발휘하도록 해 주세요. 분명 꽤 괜찮은 인생이 펼쳐질 겁니다.

무시했더니 살 만해졌다

주변에 도움을
청하는 연습

언젠가 한 지인이 저에게 심리 상담의 매력을 알리는 글을 한 편 써 달라고 요청해 왔습니다. 내심 부담스러웠지만 워낙 다급하고 간절하게 청하기에 덜컥 수락해 버렸지요.

나름대로 시간과 정성을 들여 원고를 완성한 뒤 전송을 했고, 얼마 뒤 그에게서 메일 한 통이 도착했습니다. "글에서 심리 상담의 매력이 전혀 전해지지 않습니다. 흠, 기대가 상당히 컸는데 많이 아쉽군요. 다시 써 주세요"라는 차가운 코멘트가 쓰여 있더군요.

'아니, 이게 무슨 경우야? 부탁할 땐 언제고 이렇게 무례하게 회신을 하다니……!'

솔직히 충격이었습니다. 황당하다 못해 화도 치밀었지요.

'무리한 부탁은 처음부터 거절했다면 좋았을 텐데……' 하는 후회가 물밀듯이 밀려오는 동시에 '어쨌든 내가 수락했던 일이니 내키진 않지만 마무리도 내가 책임지고 해야지'라는 결심이 섰습니다.

그러다 문득 제 안의 무시 기술이 작동했습니다. 주변 직원에게 지금까지 있었던 일의 경과를 허심탄회하게 털어놓고 도움을 요청한 것이지요. 가뿐히 남에게 도움을 구하는 저의 모습에 스스로도 조금 놀라웠습니다.

"제가 대신 처리해 드릴게요."

이야기를 들은 직원은 선뜻 이렇게 말해 주었습니다. '내가 벌인 일인데 정말 그래도 될까' 하는 걱정이 스치긴 했지만, 어느덧 **몸에 붙은 무시의 기술을 살렸지요. 불편한 사람을 상대하는 일을 제3자에게 흔쾌히 맡겼습니다.**

"고마워요. 그럼 부탁할게요."

제게 글을 부탁했던 지인은 직원이 자신에게 연락을 취해

무시했더니 살 만해졌다

오자 온갖 불만을 토로했습니다. 글에 필자의 심리 상담 기법에 대한 언급이 전혀 담겨 있지 않다는 내용을 시작으로 애초에 제게 말했던 원고의 취지와 관계없는 부분들까지 지적 대상으로 삼더군요.

하지만 직원은 조금의 흔들림도 없이 사무적으로 대응하며 상대의 감정적 도발에 넘어가지 않았습니다. 이렇게 약간의 빈틈조차 주지 않자, 지인은 제풀에 지쳤는지 이내 스르르 꼬리를 내리더군요.

만약 제가 '이건 내가 해결해야 할 일이야'라며 문제를 떠안았다면 어땠을까요? 지인의 요구대로 글을 수정하느라 짜증과 자책감을 오가며 시간과 감정을 낭비했을 것입니다. 무시 기술을 발휘하면 이토록 간단히 끝날 일인데 말이에요.

혼자 책임져야
한다는 강박

무엇이든 알아서 대처해야 한다고 여기던 사람도 무시 기술을 터득하면 다른 사람에게 부탁하는 데 거리낌이 없어집니다. 자기 일처럼 발 벗고 나서 주는 선량한 사람이 얼마나 있을까 싶지만, 주변에 도움을 요청하다 보면 **의외로 모두가 선뜻 도와준다는 사실을 깨닫습니다.**

따라서 무시 기술을 사용하면 주변 사람들에 대한 신뢰감이 싹트고 무슨 일이 생기면 누군가 날 도와줄 것이라는 심리적 안정감이 생겨서 불쾌한 일을 가볍게 넘길 수 있지요.

저는 그동안 모두 날 공격한다는 긴장감으로 무엇이든 스스로 해야 한다고 믿어 왔습니다. 내가 모든 일을 해결해야 한다는 강박관념에 스스로를 가혹하게 몰아붙였고 늘 긴장한 채로 업무를 수행했지요. 긴장도가 높으니 매사에 감정적으로 반응하게 되고 그럴수록 불쾌감은 눈덩이처럼 불어나는 결과의 연속이었습니다. 지금 생각하면 참으로 어리석었지요.

'힘들면 다른 사람에게 도움을 요청한다.'

단순하지만 좀처럼 행동으로 옮기지 못했던 상식을 실천하자 세상이 달라졌습니다. **다른 사람의 도움을 받아 불쾌한 감정에서 해방되니 사람에 대한 신뢰가 생겼습니다. 긴장하지 않고 편안하게 업무에 집중하게 되었으며 불쾌한 일을 홀가분하게 무시하게 되었지요.**

무시했더니 살 만해졌다

무시의 기술이
신뢰를 낳는다

"오랫동안 너무 힘들었는데, 가족들한테 제가 이런 상황이라는 이야기를 못 하겠어요."

한 내담자는 이렇게 고민을 털어놓았습니다. 가족들과의 관계는 원만한 편이었지만 주변으로부터 자주 놀림 받던 학창 시절을 지나 팍팍하고 경쟁적인 사회생활을 경험하다 보니 외부의 자극에 예민하고 잔뜩 주눅이 든 상태였습니다. 그래서 설령 문제 상황이나 어려움이 발생했을 때에도 어떻게든 가족에게 이를 숨기고 싶어 했지요.

그는 혹시라도 나약한 모습을 드러내거나 힘든 기색을 내비치면 가족들이 "다 네가 부족해서 그런 거야", "그렇게 약해 빠져서 뭘 하겠니?" 하는 태도로 지적과 훈계를 늘어놓을 게 뻔하다고 지레짐작했습니다. 이렇듯 가정에서 마음의 문을 굳게 닫으니 직장에서는 더했지요. 아무리 업무가 어렵고 버거워도 내색하지 않고 혼자 감당할 따름이었습니다.

하지만 무시하는 기술을 익히면서 그는 '힘든 일이 있다면 피해도 된다'는 것을 깨달았습니다. 그러던 어느 날 아침, 출근을 앞두고 차에 올라 운전대를 잡았는데 공교롭게도 차가 고장 났다는 사실을 발견했습니다. 평소의 그라면 '이런, 낭패군. 어서 카센터에 연락해 봐야지'라고 생각했을 테지요. 얼른 차를 정비한 다음 서둘러 출근할 작정이었을 겁니다.

그러나 무시 기술이 작동하자 생각의 방향이 바뀌었습니다.

'아냐. 식구들에게 이야기해 보자.'

지금까지는 차가 고장 났다는 말을 꺼내기라도 하면 식구들에게서 "그동안 운전을 대체 어떻게 한 거야?", "평소에 차를 제대로 관리했어야지" 같은 핀잔만 들으리라 짐작했던 그. 이런 순간 가족이라는 존재는 머릿속에 떠올리지도 않았는데 이번엔 큰 결심을 한 것입니다.

"차가 갑자기 고장 났는데……, 좀 도와주실래요?"

그는 아버지에게 솔직하게 말하며 도움의 손길을 요청했습니다. 그러자 아버지는 "회사까지 바래다주마" 하면서 선뜻 함께 길을 나섰지요. 심지어 그가 퇴근하고 집에 돌아왔더니 아버지가 무심한 말투로 "네 차, 수리 맡겨 뒀다"라고 하시기에 내심 크게 놀랐다고 합니다.

이런 일을 겪으면서 그에게는 '누군가를 믿고 의지해도 괜찮다'라는 확신이 생겼고, 무시의 기술도 차츰 업그레이드되면서 불쾌한 일을 겪는 경우가 눈에 띄게 줄었습니다.

이처럼 무시의 기술은 실천할수록 향상되는 법입니다. **무시하는 기술을 사용하면 주변 사람 모두가 나를 도와주는 상황이 조성되며, 이로써 인간에 대한 불신은 사라지고 신뢰가 싹틉니다.**

평소에는 '실수하면 큰일이야!' 하는 생각에 바들바들 긴장하며 살던 마음이 '실수 좀 하면 어때, 누군가 도와줄 거야'라는 식으로 느긋해져서 이전에는 신경 쓰던 일도 가볍게 무시하게 되지요. 긴장 속에 놓여 있을 때는 그토록 눈엣가시처럼 보이던 일들에 둔감해지는 겁니다.

그러다 보면 '누군가 도와줬으면……' 하고 생각하기도 전에 주변 사람들이 나서서 도움을 줍니다. 마치 무시의 기술이 다른 사람들을 통해 나의 불쾌한 일을 해결해 주는 느낌마저 들지요. 무시할수록 오히려 사람들에게 도움을 받게 된다는 사실. 참으로 신기한 일입니다.

무시는
무책임이 아니다

　무시라는 기술을 몸에 익히기 전에는 눈앞의 불쾌한 일을
피하는 것은 무책임하고 비겁하다고 여겼습니다. 아무리 상
대방이 내 신경을 긁는 사람이라 해도 진심으로 마주해야 나
의 그릇이 커지고 인격이 성장한다고 여겼습니다. 불편하다
고 외면한다면 소인배에 불과하다고 생각했지요.

　그랬기에 싫은 일은 가볍게 무시하는 누군가를 보면 '저 사
람은 인생을 편하게 사네' 하며 부러워했던 한편으로 '자기가
싫은 일은 조금도 하지 않으려고 하다니 참 이기적이고 형편없

무시했더니 살 만해졌다

어'라며 손가락질했습니다.

형편없는 건
과연 누구

이처럼 저라는 사람은 그때까지 '상대를 위해, 또 나의 성장을 위해서이니 싫은 일도 외면하지 말아야 한다'고 믿고 살아왔습니다. 언젠가는 저의 진심이 통할지도 모른다며 내심 기대했지요. 하지만 그것은 전혀 다른 결과로 제게 돌아왔습니다. 오히려 배신을 당하고 상처 받았고, 그러다 보니 자존감이 바닥을 치는 일이 반복되었습니다.

저를 그렇게 만드는 상황이나 사람을 두 번 다시는 상대하지 않겠다고 굳은 다짐도 해 봤습니다. 그러나 스스로도 모르는 사이에 남의 눈치를 보며 일일이 대응하고 있었고, 또다시 배신감을 느껴야 했습니다.

상대방으로부터 지독한 말을 듣고 가혹한 취급을 받아도 성심성의껏 마주해 왔건만, **돌아보니 성장은커녕 열등감에 사로잡힌 못난 자신만 있을 뿐이었지요.**

반면, 불쾌한 일은 거리낌 없이 무시해 버리는 사람은 저로서는 참 의아하게도 믿음직스러운 동료들과 즐겁게 지내며 탄탄대로의 출셋길을 달리더군요. 사소한 일도 쉽사리 지나치지 않고 진지하게 대했던 저는 외톨이가 되어 낙오자 취급을 받는데 말입니다.

이쯤에서 저는 스스로에게 질문을 던졌습니다.

'무시해 버리는 사람과 무시하지 못하는 나, 둘 중 어느 쪽이 형편없는 사람일까?'

답은 바로 저였습니다. 그 이유는 누구보다 제가 잘 알고 있었지요. 표면적으로는 남의 기분을 맞춰 주고 살뜰히 챙기며 친절을 베풀긴 했지만, 사실 그에 상응하는 보답을 받지 못하게 되면 마음속에 분노를 차곡차곡 쌓아 왔거든요. **속이 부글부글 끓어오르면서도 겉으로는 사람 좋은 것처럼 웃으면서 타인을 대하는 행위 자체가 참으로 위선적이고 보잘것없다는 결론에 도달했습니다.**

과거의 나를
무시하라

제가 그처럼 못난 사람으로 전락한 이유는 간단합니다. 무시하지 못해서 마음에 상처를 입으면 뇌 안에 분노가 쌓입니다. 앞에서 언급했듯 인간과 인간은 이른바 '뇌 네트워크'로 이어져 있으므로, 긴장한 사람이 곁에 있으면 덩달아 긴장하게 되지요. 분노도 마찬가지입니다. 내가 뇌 안에 분노를 쌓아 두면 이를 밖으로 표출하지 않아도 뇌 네트워크를 통해 상대의 뇌에 전달됩니다.

상대가 내뱉은 불쾌한 말을 흘려듣지 못한 내가 이를 곧이곧대로 받아들이면, 나의 뇌에 축적된 분노가 상대의 뇌에도 전해지고 상대는 나에게 더욱 매몰찬 태도를 보이는 것이지요.

어쩌면 당신은 업무가 서툰 부하 직원을 그냥 보아 넘기지 못해 '어떻게든 도와줘야겠다' 하는 마음으로 신경을 써 준 경험이 있을 것입니다. 그런데 혹시 상대가 오히려 더더욱 일을 못하는 사람이 되고 만 적은 없나요? 현실에서도 상당수의 경우에 이런 결과가 초래됩니다.

왜 이런 일이 벌어질까요? 내 안에 분노가 쌓이면서 발생한 뇌 안의 전기가 뇌 네트워크를 통해 상대에게 전달된 탓입니다. 조금 더 자세히 설명해 볼게요. 답답한 마음에 나도 모르게 쌓인 나의 분노가 상대에게 전해지며 그의 뇌 속에서 기억을 담당하는 부위를 감전시키고, 이로 인해 작동 오류가 일어나면서 그동안 습득했던 내용조차 깡그리 잊어버리는 것입니다.

그럼에도 불구하고 내 쪽에선 '혹시 내가 뭔가 잘못 알려 줘서 그런가?' 하는 생각에 더더욱 세심하게 신경을 쓰지요. 가르치는 방법도 바꿔 보고 설명하는 시간도 늘려 봅니다. 하지만 그럴수록 상대는 내가 전달하는 전기적 공격 세례 때문에 갈수록 일을 더 못하게 됩니다.

그럼에도 나는 여전히 혼자만의 믿음 속에서 이렇게 자부하지요.

'그래, 난 곤경에 빠진 후배를 그냥 지나치지 못하는 선한 사람이야.'

하지만 실제로는 상대방을 계속 감전시키고, 상대는 마음속에 나에 대한 적개심과 분노를 키워 갑니다.

이처럼 상대방을 위한답시고 최선을 다했는데 막상 그 사람 입장에서는 괴로운 고문에 불과한 경우가 적지 않습니다. **무시하는 기술을 발휘하게 된 지금, 저 역시 스스로의 과거를**

되짚어 보면 지난날이 안타깝게 느껴집니다. 그동안 참으로 많은 사람들을 괴롭혀 왔구나 싶어 미안한 마음이 들기 때문이지요.

하지만 무시의 기술은 이런 감정마저 무시할 수 있게 해 줍니다. 그렇지 않았다면 저는 영영 죄책감에서 헤어 나올 수 없었겠지요. 친절과 성실이라는 미명하에 미소 띤 얼굴로 남을 못살게 굴었던 내가 참 형편없는 사람이었구나 싶으면서도, 한편으로는 피식 웃음이 새어 나오는 것 역시 고맙게도 무시의 기술 덕분입니다.

'지금부터 무시하는 기술을 사용하겠어!'라며 몸과 마음에 잔뜩 힘이 들어갔던 시절에는 정작 무시하는 것에 쉽게 지쳐 버렸습니다. 그러나 무시의 기술이 어느 정도 내 몸에 뱄다 싶을 무렵 슬쩍 손을 놓고 운전대를 넘겼더니, 심신이 편안해지더군요. 게다가 그동안 못 미덥게만 여겼던 타인들을 비로소 신뢰의 눈으로 바라보게 되었습니다.

어릴 적부터 저는 영화 <인디애나 존스> 시리즈의 열혈 팬이었습니다. 그중에서도 1981년작 <레이더스: 잃어버린 성궤를 찾아서>를 좋아하지요.

영화 속에는 특별한 자만이 만질 수 있는 성궤가 등장합니다. 천신만고 끝에 적국에서 성궤를 탈환해 낸 이스라엘인이 기쁨에 겨워 잠시 방심한 순간, 트럭 적재함에서 성궤가 떨어지려는 아슬아슬한 상황이 벌어집니다. 절체절명의 위기. 다급하게 "위험해!"라고 외치며 성궤를 잡아챈 사람, 즉 떨어지는 성궤를 무시하지 못한 사람은 결국 숨을 거두고 말지요.

무시의 기술이 몸에 붙은 지금의 저라면 성궤가 떨어지는 급박한 순간을 외면해 버릴 것입니다. 포기가 아닙니다. 나 이외의 힘을 믿기 때문입니다. 무시하는 기술을 익히기 전이었다면 이 한 몸 희생해서라도 기필코 지켜 내리라는 마음가짐이었겠지요. 하지만 이제는 생각이 달라졌습니다.

'신성한 성궤이니까 내가 나서지 않아도 누군가 지켜 주겠지.'

또 무시의 기술을 익히면 믿음을 가지고 사람을 지켜보게 됩니다. 예전이라면 어려움에 처한 사람을 지나치지 못해 무리해서라도 돕고서는 '애써 친절을 베풀었는데 감사는 못할망정 배신을 하다니!' 하는 식으로 분통을 터트렸을 테지요.

하지만 무시하는 기술이 생긴 뒤로는 '저 사람이 자기 앞의 난관을 어떤 식으로 극복해 낼까?' 하며 지켜보는 입장에서 가슴이 두근거립니다. 나보다 못한 사람, 그래서 내가 돌봐 줘야 하는 사람으로만 여겼던 상대가 스스로 문제를 해결해 나갈 힘을 지닌 믿음직한 존재로 보이는 것이지요.

이렇게 말하면 누군가는 '타인에게 도움을 베풀지 않고 모른 척한다면 나의 존재 이유는 무엇인가' 하며 근본적인 의문을 품을지도 모르겠습니다.

오랜 시간 저는 남을 돕고 갈등을 조정하는 중재자 역할을 자청해 왔습니다. 친절을 베풀고 그에 대한 감사를 받으며 살아야 나의 존재 가치가 증명되는 듯했지요. 그래서 타인의 괴로움을 어렵사리 외면하다 보면 문득 나는 이제 별 의미 없는 존재인가 싶어 허무함이 엄습했습니다. 빈 둥지에 남은 어미 새가 그렇듯이 말이에요.

그런데 바로 그 순간, 제 안에 자리하고 있던 무시의 기술이 넌지시 이렇게 말하는 듯했습니다.

'모두가 당신을 위해 존재하는 거야.'

그리고 거세게 밀려온 제 감정의 파도를 잠재워 주었지요.

이전까지 저는 '나는 모두를 돕기 위해 존재한다'고 생각했고, 실제로 주변 사람들을 위해 적잖은 노력을 해 왔습니다. 하지만 일말의 보답도 받지 못했다는 분노를 마음속 깊이 간직하고 있었지요.

무시의 기술은 여태껏 고수해 왔던 저의 상식을 깨트리고 '모든 사람들은 나를 위해 존재한다'고 알려 주었습니다. 이윽고 제가 상대의 분노를 무시하게 되자, 아무리 격렬한 분노도 시간이 지나면 흔적도 없이 증발해 버린다는 사실을 깨달았습니다. 심지어 이제는 그것이 뜨겁게 타오르다 사라지는 폭죽처럼 느껴져 아름답다는 감상마저 듭니다.

쉽지는 않겠지만, 역경을 마주한 사람을 무시해 보세요. 언젠가 그는 어려움을 딛고 꿋꿋이 일어날 겁니다. 비바람이 불어도 힘차게 자라나는 초원의 푸르른 잔디처럼요. 나에게 불평만 늘어놓는 사람을 무시하세요. 이내 그는 자신의 불평을 받아 줄 또 다른 사람을 잘도 찾아낼 겁니다. 보금자리를 찾아 돌아다니는 철새처럼 말이에요. 이처럼 내가 그들을 외면하면, 놀랍게도 그들은 나에게 노력하는 삶의 태도를 보여 주게 되어 있습니다.

예전에는 알아차리지 못했던 풍경이 무시의 기술을 익힌 뒤에야 비로소 눈에 들어옵니다. 모든 사람들이 강하고 지혜롭고 아름다운 존재임을 깨닫습니다. 이들이라면 나의 도움이 없어도 괜찮다는 생각이 듭니다. 저는 이제 그들을 믿습니다. 덩달아 제 마음도 편안해집니다.

사람을 믿기 시작하면 무시의 기술은 더욱 향상되어, 모두가 나를 위해 존재한다는 사실을 한층 더 강하게 실감합니다.

내가 없으면 안 된다면서 지나치지 못했던 상황이 내가 없어도 잘만 돌아갑니다. 모두가 나를 도와주니까요. 모두가 나를 위해 존재하니까요. 앞으로 내 인생은 순풍에 돛을 단 듯 순항할 겁니다.

마치 내 주위의 모든 사람들이 나의 인생을 앞으로 나아가게 만드는 톱니바퀴와 같아서, 내 삶을 보다 긍정적인 방향으로 이끌고 가는 듯합니다. 각각의 톱니바퀴가 어떤 역할을 하는지 우리는 알지 못합니다. 하지만 그것들이 서로 맞물려 스스로 힘차게 돌아갈 것만은 분명하지요. 그러니 억지로 그 바퀴들을 움직일 필요는 전혀 없습니다.

바퀴 하나하나에만 주목하고 연연한 시절에는 알아채지 못했던 사실. 굳이 애쓰지 않아도 자연스럽게 한발 물러나서 이 모든 광경을 바라보게 된 이제는, 수많은 톱니바퀴들이 맞물려 이 순간을 이끌어 가는 모습이 그야말로 눈부실 만큼 아름답다는 것을 깨닫습니다.

그리고 저는 지금, 그 톱니바퀴들이 만들어 가는 오늘을 기쁘게 살아가고 있습니다.

_오시마 노부요리

무시했더니 살 만해졌다

무시했더니 살 만해졌다

초판 1쇄 인쇄 2019년 6월 10일
초판 1쇄 발행 2019년 6월 15일

지은이 오시마 노부요리
펴낸이 박경준
경영총괄 김보영
편집 김연주
디자인 김윤남(표지) 송근정(본문)
마케팅 최문섭

펴낸곳 미래타임즈
주소 서울 마포구 동교로 12길 12
전화 031-975-4353 **팩스** 031-975-4354
메일 thanks@miraetimes.net
출판등록 2001년 7월 2일 (제2001-000321호)

ISBN 978-89-6578-174-5 (03190)